Brennpunkt Schule
Herausgegeben von

Fred Berger
Wilfried Schubarth

Beate Martin
Jörg Nitschke

Sexuelle Bildung in der Schule

Themenorientierte Einführung und Methoden

Verlag W. Kohlhammer

Dieses Werk einschließlich aller seiner Teile ist urheberrechtlich geschützt. Jede Verwendung außerhalb der engen Grenzen des Urheberrechts ist ohne Zustimmung des Verlags unzulässig und strafbar. Das gilt insbesondere für Vervielfältigungen, Übersetzungen, Mikroverfilmungen und für die Einspeicherung und Verarbeitung in elektronischen Systemen.
Die Wiedergabe von Warenbezeichnungen, Handelsnamen und sonstigen Kennzeichen in diesem Buch berechtigt nicht zu der Annahme, dass diese von jedermann frei benutzt werden dürfen. Vielmehr kann es sich auch dann um eingetragene Warenzeichen oder sonstige geschützte Kennzeichen handeln, wenn sie nicht eigens als solche gekennzeichnet sind.

1. Auflage 2017

Alle Rechte vorbehalten
© W. Kohlhammer GmbH, Stuttgart
Gesamtherstellung: W. Kohlhammer GmbH, Stuttgart

Print:
ISBN 978-3-17-032471-8

E-Book-Formate:
pdf: ISBN 978-3-17-032472-5
epub: ISBN 978-3-17-032473-2
mobi: ISBN 978-3-17-032474-9

Für den Inhalt abgedruckter oder verlinkter Websites ist ausschließlich der jeweilige Betreiber verantwortlich. Die W. Kohlhammer GmbH hat keinen Einfluss auf die verknüpften Seiten und übernimmt hierfür keinerlei Haftung.

Inhaltsverzeichnis

Einleitung 11

Sexualaufklärung in der Schule: Wichtig – aber nicht
unproblematisch! 11
Das Thema Sexualität im Unterricht und die Rolle der
Lehrkraft 13
Methodik-Didaktik von sexueller Bildung im Fokus
Schule 15
Gewusst wie?! – Was ist beim methodisch-
didaktischem Vorgehen zu beachten? 16
Medienkompetenz 18
Zur Vielfalt von Lebens- und Liebesformen 19
Zielgruppen 21

Über Sexualität sprechen 24

Mit und ohne Worte – über Sexuelles ins Gespräch
kommen 24
Darüber spricht man nicht oder doch? 26
Kommunikation kann auch Missverständnisse
befördern 28
Sprache ist von den eigenen Bezugspunkten abhängig 29
Tipps für den Unterricht 30
Methodenteil 32

Körper- und Sexualaufklärung 39

Jugendliche schätzen Schule und Eltern als
Wissensvermittler 39
Gleichaltrige und Medien tragen zu Kompensation bei,
wenn Erwachsene fehlen 41
Über Körper und Sexualität in der Schule zu sprechen,
bleibt bedeutsam 42
Heterogenität muss im Sexualkundeunterricht
Berücksichtigung finden 43
Methodenteil 46

Fruchtbarkeit, ein vernachlässigtes Thema in der sexuellen Bildung: Verhütung, Schwangerschaft, Schwangerschaftsabbruch und Elternschaft 56

Kinder ja, aber erst später 56
Gesellschaftlicher Paradigmenwechsel 58
Akzeptanz vielfältiger Lebensentwürfe 59
Schule als Raum für Sehnsüchte, Fantasien und
Visionen 61
Partnerschaftliches und verantwortungsvolles
Verhütungsverhalten 61
Pille und Kondom bleiben beliebt 61
Schwangerschaft im Jugendalter 63
Ein bisschen schwanger gibt es nicht 64
Elternschaft im Jugendalter und jungen
Erwachsenenalter 65
Einbeziehung der Jungen und jungen Männer 66
Methodenteil 67

Sexuell übertragbare Infektionen 73

Historisch: Werte- und Moraldiskussion	74
Heute: Auch andere Infektionen auf dem Vormarsch	74
Erreger: Von Viren und Bakterien	77
STI und pädagogische Herausforderungen in der Schule	80
Gesundheit ist etwas Positives	82
Methodenteil	82

Körper und Sinnlichkeit – ein Bildungsthema im schulischen Kontext 96

Ganzheitliches Lernen auch in der Schule	96
Sexualität und Körper	97
Sexualpädagogik, sexuelle Bildung und Körperlichkeit	98
Körperübungen als Bestandteil früher und später sexueller Bildung	100
Körper und Gesellschaft	101
Sport tut gut!	102
Methodenteil	104

Sexuelle Identitäten 109

Ein stetiges oder veränderbares Puzzle	109
Kinder und Jugendliche benötigen mehr eindeutige Orientierung als Erwachsene	111
Schule als Ort der Auseinandersetzung mit den Themen »Geschlecht und sexuelle Orientierung«	114
Gendersensible Konzepte und die Berücksichtigung vielfältiger Lebensentwürfe fehlen im Schulalltag	116
Methodenteil	118

Liebe, Freundschaft und Partnerschaft 125

Einleitung	125
Partnerschaften: Kürzer, länger oder noch gar nicht	126
Jugendliche wünschen sich stabile Beziehungen,	
Vertrauen und Treue	128
Erwartungen in der Partnerschaft	129
Sexualität wird in Beziehungen gelebt	132
Gewalt in freiwillig gewählten Beziehungen	132
Bindung oder Autonomie: Eine Frage der Herkunft	133
Methodenteil	134

Sexuelle Vielfalt 138

Schule und Vielfalt	138
Kleine Auswahl an Begriffen	140
Sexuelle Bildung und Transkulturalität	144
Zum Begriff der Transkulturalität	144
Neue Migrationsbewegungen	146
Methodenteil	148

Sexualität und Medien 157

Pornografie: Neue Medienkompetenzen gefordert	158
Kompetenzen fördern	160
Sexting: Voyeurismus und Exhibitionismus mit dem Smartphone	161
Schule braucht Medienpädagogik	164
Cybermobbing: Das Netz vergisst nichts	165
Soziales Lernen für ein gutes Schulklima	166
Methodenteil	167

Sexuelle Gewalt 177

Begriffe und Definitionen erschweren den Diskurs
und die Wahrnehmung 178
Das Streben nach Gewissheit 181
Prävention muss auf verschiedenen Ebenen stattfinden 183
Sexuelle Gewalt, Prävention und Schule 186
Methodenteil 187

Literatur 193

Weiterführende Informationen/Anlaufstellen 198

Danksagung 203

Verfasserin und Verfasser der einzelnen Kapitel 204

Einleitung

Sexualaufklärung in der Schule: Wichtig – aber nicht unproblematisch!

Sexuelle Bildung zu organisieren zählt zu den schulischen Aufgaben. Während Kinder und Jugendliche im Elternhaus und in der Gleichaltrigengruppe größtenteils vertrauensvolle Gespräche suchen, fällt der Schule die Aufgabe zu, über körperliche Vorgänge sowie über sexuelle und emotionale Zusammenhänge zu informieren. Dazu zählt auch die Vermittlung von sozialem Lernen in Bezug auf diese Themen, die damit verbundene Vielfalt und die Organisation der ganzheitlichen Betrachtung des Sexuellen. Sexualerziehung ist auch immer Sozialerziehung. Heranwachsende bestätigen, dass sie nicht nur rein biologische Zusammenhänge erfahren möchten, sondern ihr Interesse an Aufklärung umfasst die Berücksichtigung vielfältiger Aspekte. Dazu zählen beispielweise die Themen Kennenlernen, Partnerschaftsgestaltung, sexuelle Reaktionsweisen oder Pornografie. Auch wenn Jugendliche durch die mediale Verbreitung von sexuellen Inhalten alltägliche Berührungspunkte mit diesen haben, bedeutet das nicht, dass sie gut aufgeklärt sind, Bescheid wissen oder über ausreichendes Sachwissen verfügen. Deshalb bleibt schulische Sexualerziehung bedeutsam.

Sexualerziehung ist ein eigenständiges Fachgebiet innerhalb schulischer Gesamterziehung. Sie gelingt am besten, wenn diese fächerübergreifend gelehrt wird. Die Vernetzung verschiedener Fächer, z. B. Deutsch, Kunst, Sport, Biologie, ist zum Thema Sexualität möglich und gewünscht (z. B. durch die Gestaltung gemeinsamer Projekte innerhalb einer Klasse, Projektwoche in einer Jahrgangsstufe etc.). Sexualerziehung bezieht sich auf zahlreiche Themen und unterschiedliche Lebensaspekte. Deshalb sollte sich das didaktische Konzept an den Prinzipien ganzheitlichen und multisinnlichen Lernens orientieren. Je nach Fach, Thema und Übungsfeld sollten die Methoden so variieren, dass körperliche, kognitive, emotionale oder soziale Lernebenen in den Vordergrund treten. Die aktive Einbeziehung der Schülerinnen und Schüler sowie prozessorientiertes Lernen erleichtert den gewinnbringenden Verlauf der Unterrichtseinheiten. Es ist sinnvoll, wenn ein vertrauensvolles Verhältnis in der Gruppe untereinander und in Bezug zur Lehrkraft besteht, so dass die Schülerinnen und Schüler sich trauen, eigene Themen und Meinungen einzubringen und Fragen zu stellen. Unterrichtsinhalte lassen sich besser vermitteln und wirken nachhaltiger, wenn die Lernenden ein Interesse am Thema haben und motiviert sind. Der Erwerb einer Reflexions- und Handlungskompetenz in Bezug auf sexualitätsbezogene Themen ist ein erstrebenswertes Ziel bei der Planung von einzelnen Unterrichtseinheiten. Weitere nennenswerte Ziele schulischer Sexualaufklärung sind:

- Sexualinformationen zu geben und das Halb- und Falschwissen der Schülerinnen und Schüler zu korrigieren bzw. Wissenslücken zu schließen.
- Eine Begleitung und Unterstützung in schwierigen Lebenssituationen zu ermöglichen.
- Die Kommunikationsfähigkeit über Sexualität zu fördern, um beispielsweise Partnerschaftskonflikten und Sexualstörungen vorzubeugen.
- Zur präventiven Gesundheitsvorsorge beizutragen, weil Aufklärung vor ungeplanten Schwangerschaften, sexuell übertragbaren Infektionen oder sexuellen Übergriffen schützen kann.
- Die Auseinandersetzung mit sich selbst und anderen auch zu sexualitätsbezogenen Themen zu fördern, um Respekt und Toleranz zu erlernen. Beispielsweise auch dadurch, dass der eigene »Normalitätsbegriff« hinterfragt wird.
- Eigene Norm- und Wertevorstellungen bewusst werden zu lassen, zu reflektieren und sich mit anderen auseinanderzusetzen, um einen eigenen Standpunkt zu finden.

- Gefühle wahrzunehmen und zu thematisieren, z. B. Angst und Unsicherheit.
- Die Förderung des Dialogs innerhalb des eigenen Geschlechts, mit dem anderen Geschlecht sowie interkulturelle Unterschiede (z. B. Umgang mit dem Jungfernhäutchen oder Beschneidung) in den Blick zu nehmen.
- Selbstverantwortung zu spüren und zu fördern, was zu einer Erhöhung der Lebenskompetenz führt und die Persönlichkeitsentwicklung unterstützt.
- Kenntnisse über die sexuellen und reproduktiven Rechte zu erwerben und einen respektvollen Umgang miteinander zu üben.

Das Thema Sexualität im Unterricht und die Rolle der Lehrkraft

Sexualität ist ein menschliches Bedürfnis, das je nach Lebensalter, Lebensphase, täglich wechselndem Befinden variabel gestaltet wird. Sie lässt sich nicht auf einzelne Facetten, wie Zärtlichkeit, Orgasmus, Küssen oder Geschlechtsverkehr, reduzieren, sondern beinhaltet viele Teilaspekte, die von Kindern, Jugendlichen und Erwachsenen unterschiedlich empfunden werden. Sexualität äußert sich u. a. in dem Wunsch nach körperlicher Lust, nach Nähe und Distanz, Wohlbefinden, Zärtlichkeit, Erregung oder Befriedigung. Sie steht aber auch immer im Spannungsfeld zwischen Intimität und Veröffentlichung. Während die alleinige Informationsvermittlung über das Sexuelle ohne Einbeziehung der Lebensverhältnisse sowie der kulturellen und religiösen Einflüsse und Gegebenheiten unzureichend wäre, besteht beim Sprechen über Sexualität auch immer die Gefahr, das Intime, Private des Sexuellen zu veröffentlichen.

Die Förderung und Befähigung zur sexuellen Selbstbestimmung ist Teil des Bildungsauftrags, den die Schule zu leisten hat. Dazu zählt auch die Vermittlung und Sensibilisierung für Fremdes, für unterschiedliche Lebens- und Liebesweisen. Die Förderung respektvoller Begegnungen ist dabei ein wichtiges Ziel. Die Balance dieses Spannungsfeldes macht die angemessene Thematisierung sexueller Inhalte nicht einfach, zumal die Vermittlung der Unterrichtsinhalte durch die Richtlinien vorgeschrieben ist. Schülerinnen und Schüler haben keine Wahlmöglichkeit und sie dürfen beispielsweise dem Unterricht nicht aus Desinteresse oder Scham fernbleiben. Die Besonderheiten der Zielgruppen müssen deshalb bei der Planung und Themenauswahl Beachtung finden.

Die Erfahrung zeigt, dass konkretes Körper- und Sexualwissen besser in geschlechtshomogenen Gruppen besprochen werden kann. In weiterführenden Schulen gilt dies häufig für pubertierende Schüler und Schülerinnen oder für die Gruppenarbeit mit interkulturellen Gruppen. Die Bedeutung von gruppendynamischen Prozessen sowie das Aufkommen unterschiedlicher Gefühle (z. B. Scham) ist bei den Themen Sexualität und Partnerschaft nicht zu unterschätzen. Auch der Lehrkörper steht in diesem Dilemma. Ohne Vertrauen kann keine zufrieden stellende Sexualerziehung gelingen, aber wenn er/sie sich als Person zu sehr einbringt, besteht die Gefahr, an Autorität zu verlieren bzw. von den Teilnehmenden sexualisiert zu werden. Dazu ein Beispiel aus der Praxis:

> Eine Lehrerin an einer Hauptschule wurde von einer Mädchengruppe, die sie einmal wöchentlich begleitet, gebeten, ihnen zu erklären, wie Oralverkehr funktioniert. Eine Woche später hatte sich in der gesamten Schule herumgesprochen, dass diese Lehrerin Oralverkehr als Sexualpraxis bevorzugt. Als die Mädchen befragt wurden, warum sie dieses Gerücht verbreitet hätten, gaben sie zur Antwort, dass diese Lehrerin ihnen ihre Frage so gut und detailliert beantwortet hat, dass es gar nicht anders als aus eigenen Erfahrungen gespeist sein kann.

Deshalb ist es für die Aufarbeitung mancher Themeninhalte sinnvoll, mit externen Fachkräften (wie z. B. pro familia Beratungsstellen) zusammenzuarbeiten. Das bedeutet nicht, dass die Schule dadurch von ihrem Bildungsauftrag befreit ist. Vielmehr geht es hierbei um ein ergänzendes Angebot im Rahmen einer Projektwoche oder Unterrichtsreihe, die sich mit Aufklärung, Liebe, Partnerschaft und Sexualität beschäftigt. Eingebettet darin können heikle Themen wie z. B. Schwangerschaftsabbruch, Homosexualität, Pornografie oder sexuelle Reaktionsweisen behandelt werden. Externe Personen, die diese Themen anders und lebensnäher gestalten können, arbeiten in der Regel als Mann-Frau-Team zusammen, so dass zusätzlich bei bestimmten Themen eine Geschlechtertrennung vorgenommen werden kann. Auch das ist im schulischen Alltag ansonsten schwierig bzw. gar nicht zu realisieren. Hier könnten sich die Männer in einer Jungengruppe z. B. dazu bekennen, schon einmal einen Porno gesehen zu haben. Das hilft häufig dabei, dass sich die Jungen trauen, über eigene Erlebnisse zu sprechen. So kann das von ihnen Gesehene besprochen oder relativiert werden. Auch gibt es die Möglichkeit, über Gefühle wie Lust, Ekel oder Scham zu sprechen. Über Heikles sprechen ist auch deshalb für externe Fachkräfte leichter, weil sie in der Regel der Schweigepflicht unterliegen und nach dem Projekt keinen weiteren Unterricht mehr mit den Schüler/innen haben.

Methodik-Didaktik von sexueller Bildung im Fokus Schule

Die flexible und möglichst offene (zielgruppen- und prozessorientierte) Gestaltung von Unterrichtseinstiegen ist beim Thema »Sexualität« empfehlenswert. Gelungene Sexualerziehung berücksichtigt die verschiedenen Liebes- und Lebensformen, Eigen- und Mitverantwortung sowie die unterschiedlichen Erfahrungen des Individuums und die Verschiedenheit der Gefühle zu sexuellen Themen (z. B. Angst, Unsicherheit, Spaß, Liebe, Vertrauen, Scham). Schüler/innen können lernen, über Sexualität zu sprechen, eigene Grenzen wahrzunehmen, Toleranz zu zeigen und zu üben. Inwieweit eigene Erfahrungen von Seiten der Schüler/innen mit eingebracht werden können, sollte wohl überlegt und zu Beginn des Unterrichts thematisiert werden. Das hängt sehr von der Gruppe, dem Thema und dem dort bestehenden Miteinander ab. Weil es sich in der Institution Schule anders als in der Freizeit um keine freiwillige Zusammenkunft handelt, sind dort Grenzen zu berücksichtigen, die bei der methodisch-didaktischen Vorbereitung bedacht werden müssen. In der Praxis hat es sich bewährt, zu Beginn des Unterrichtsinhalts »Sexualität« (Sonder-)Regeln mit den Schüler/innen über Erwartungen und etwaige Benotungen zu sprechen.

Empfehlenswert ist es, auf die Gestaltung der Rahmenbedingungen zu achten. Ein Stuhlkreis oder kleinere Sitzgruppen können unterstützend wirken, weil eine andere Atmosphäre im Klassenzimmer hergestellt wird. Die jeweiligen Unterrichtseinheiten sollten so gestaltet sein, dass sich die Schüler/innen wohlfühlen und keine Leistungsbewertung erfolgt. Erfolgversprechend ist es bei diesem Themenbereich auch, wenn es die Möglichkeit gibt, den Klassenraum zu verlassen und in einem anderen Raum zu wechseln, z. B. in die Teestube. Einige Schulen benutzen beispielsweise an Projekttagen die örtlichen Jugendzentren.

Gewusst wie?! – Was ist beim methodisch-didaktischem Vorgehen zu beachten?

Der Einstieg in eine Unterrichtseinheit oder in ein Projekt trägt wesentlich zum Gelingen bei. Bereits zu Beginn entscheidet sich oft, wie das Thema angenommen wird. Deshalb ist es wichtig, die Methoden so zu wählen, dass sie vertrauensbildend sind, Spaß machen, motivierend wirken. Beim Themenkreis »Sexualität« ist die Einbeziehung der Schüler/innen bei der Prozessgestaltung gewinnbringend für den gesamten Verlauf der Einheit bzw. des Projekts. Es empfiehlt sich, die

_____ Gewusst wie?! – Was ist beim methodisch-didaktischem Vorgehen zu beachten?

Sozialformen zu wechseln, damit alle Teilnehmenden körperlich und kognitiv in Bewegung bleiben. Offene Methoden ermöglichen prozessorientiertes Arbeiten und bieten Einzelnen die dringend erforderlichen Rückzugsmöglichkeiten.

Bei der Methodenauswahl sollten folgende Kriterien berücksichtigt werden:

- Die ausgewählten Themen müssen verschiedene Blickrichtungen enthalten.
- Gespräche und Diskussionen sind so zu gestalten, dass sie zum Nachdenken und Mitmachen anregen und nicht zu kompliziert oder zu komplex sind.
- Die Benutzung eines gemeinsamen Sprachjargon ist empfehlenswert. Dieser sollte allgemein akzeptiert und verständlich, weder anbiedernd (z. B. nur Jugendjargon) noch zu sehr medizinisch ausgerichtet sein.
- Ein Wechsel der Sozialform (z. B. Einzelarbeit, Kleingruppe, Plenum) motiviert zur aktiven Beteiligung.
- Methoden sind ein Mittel, um miteinander ins Gespräch zu kommen. Ein Zuviel kann zuschütten, ein Zuwenig kann zu Sprachlosigkeit und Langeweile führen. Methoden dürfen nicht grenzüberschreitend wirken.
- Bestimmte Themen, beispielsweise aus dem Bereich der Körper- und Sexualaufklärung wie Menstruation, Vorhautverengung, sexuelle Reaktionsweisen oder Selbstbefriedigung, können meistens einfacher in geschlechtshomogenen Gruppen besprochen werden. Hingegen Beziehungsthemen, Schwangerschaft und Geburt, Verhütung sowie Normen und Werte in der Sexualität können ebenso gut in gemischt-geschlechtlichen Gruppen thematisiert und erörtert werden. Unter anderem trägt dieses Vorgehen auch zu einem Dialog zwischen den Geschlechtern bei.

Einleitung

Medienkompetenz

Die Schule ist eine Bildungseinrichtung, der familienergänzend die Aufgabe zugeteilt wird, Wissen zu vermitteln. Der Erwerb von Medienkompetenz gehört zu den Pflichtaufgaben der Schule, nicht nur in Bezug auf sexualitätsbezogene Informationen. Problematisch dabei ist es, dass viele Jugendliche mehr Medienerfahrung haben als die meisten Erwachsenen. Die Vermittlung von Medienkompetenz beinhaltet aber nicht nur Wissensvermittlung, sondern vor allem Medienkunde, -nutzung, -gestaltung und -kritik. Bei einer erworbenen Medienkompetenz geht es also um mehr als Medienwissen oder -handeln, insbesondere um die Bewertung und bewusste Nutzung. Medien dienen der Kommunikation, der Unterhaltung, der Vernetzung und Informationsvermittlung. Für Jugendliche ist die Nutzung mannigfaltiger Medien aus ihrem Alltag nicht mehr wegzudenken. Aber die Vielfalt der Möglichkeiten beinhaltet auch Risiken, die den Nutzer/innen teilweise oder gar nicht bewusst sind. Sexualerziehung und Aufklärung sind ohne den Erwerb von Medienkompetenz nicht mehr zeitgemäß. Durch die alltägliche Verfügbarkeit von Medien sind dem Konsum von sexualitätsbezogenen Inhalten kaum noch Grenzen gesetzt. Beachtet werden sollte dabei aber immer, dass auch Heranwachsende unterschiedliche Interessen haben und dass es über die Wirkung von Medien auf Kinder und Jugendliche nur Vermutungen, aber keine gesicherten wissenschaftliche Ergebnisse gibt. Es ist davon auszugehen, dass Medienwirkung so ambivalent, verschieden und individuell ist wie die Mediennutzung selbst. Dennoch darf nicht vergessen werden, dass Medien ein Einflussfaktor – nicht nur für sexuelles – Verhalten sind. Deshalb ist die Verknüpfung von Medienkompetenz mit dem Thema »Sexualität« sehr zu empfehlen. Medien werden geschlechtsspezifisch unterschiedlich genutzt. Mädchen (46 %) bevorzugen Printmedien als Aufklärungsquelle deutlich mehr als Jungen (30 %). Jugendzeitschriften sind in diesem Bereich die erste Wahl. Das Internet ist inzwischen die Hauptbezugsquelle für Jungen (50 %), aber auch Mädchen (39 %) nutzen sie häufig, wenn es um Wissenserwerb zu sexuellen Themen geht (Heßling/Bode 2016: 57ff). Jugendliche nutzen hauptsächlich seriöse Quellen, aber auch pornografisches Material, um Sexualwissen zu erwerben. Um Kinder und Jugendliche zu einer kreativen und verantwortlichen Nutzung mit Medien zu befähigen, braucht es Medienkompetenz, die mit Lerninhalten insbesondere bei sexualitätsbezogenen Themen verbunden werden sollte. Medien übernehmen Aufklärungsinhalte, sie helfen, die Neugier zu befriedigen, bieten anonyme, persönliche Beratung an, ermöglichen z. B. in Chats einen Rollentausch oder das Ausprobieren unterschiedlicher (sexueller) Inszenierungen. Schulisches soziales Lernen auch zu sexualitätsbezogenen Inhalten schafft einen Raum für alle Schüler/innen, über Erlebtes, Gehörtes oder Gesehenes mit anderen zu sprechen, Halb- und Falschwissen zu revidieren und einen eigenen Standpunkt zu diesen Themen zu finden.

Zur Vielfalt von Lebens- und Liebesformen

Sexuelle Bildung, die Vielfalt in den Blick nimmt, appelliert zunächst an die Haltung der Lehrerinnen und Lehrer. In den vergangenen Jahren gab es vermehrt Diskussionen über eine Sexualpädagogik der Vielfalt, die in der Berichterstattung über eine Petition gegen die Akzeptanz eines »Bildungsplanes unter der Ideologie des Regenbogens« (Baden-Württemberg) vorläufig gipfelte. In anderen Bundesländern wurde das Thema gleichfalls in den Rahmenlehrplänen aufgenommen. Die Auseinandersetzung kann im Rahmen dieses Buches nicht vertieft werden, doch zwei Merkmale sollen nicht unerwähnt bleiben. Zum einen zeichneten sich Positionen gegen die Sexualpädagogik der Vielfalt in der Bewertung aus, was gut oder böse, natürlich oder widernatürlich, normal und anormal sei. Tatsächlich aber erleben wir keinen plötzlichen Einbruch von etwas Widernatürlichem, sondern befinden uns bereits seit Jahrzehnten in einem Wandlungsprozess der Sexualität, in dessen Verlauf beispielsweise vorehelicher und außerehelicher Geschlechtsverkehr, Homosexualität, Pornografie oder sexuelle Praktiken wie Oral- oder Analsex von ihrer Verschmähung größtenteils befreit und normalisiert wurden (Sigusch 2005: 26). Zum anderen war von der Sorge einzelner Gruppierungen zu lesen, dieses »Andere« könnte gleichsam im schulischen Kontext anerzogen und dazu beitragen, traditionelle Lebensmodelle wie die Familie aufzulösen. Bislang haben sich diese Befürchtungen nicht bestätigt. Die monogame Paarbeziehung mit und ohne Familie ist für viele nach wie vor eine bevorzugte Lebensform; denen sich andere Lebens- und Liebesformen hinzugesellt haben. Diese sind auch kein neuzeitliches Phänomen, waren aber weniger sichtbar, eher unerkannt oder schicksalhaft, denn sie wurden nur heimlich oder gar nicht gelebt, weil diese zu gesellschaftlichen Sanktionen geführt hätten. Diese »neue« Unübersichtlichkeit fordert heraus, schafft Ambivalenzen und fühlt sich zuweilen befremdlich an. Dabei haben sich in den vergangenen zwei Jahrzehnten rechtliche Rahmenbedingungen verändert: 1994 wird der § 175 StGB ersatzlos gestrichen, er stellte sexuelle Handlungen zwischen Personen männlichen Geschlechts unter Strafe. 2001 wird das Rechtsinstitut der Lebenspartnerschaft eingeführt. 2013 tritt das Personenstandsänderungs-Gesetz in Kraft, nun ist es möglich, auf den Geschlechtseintrag im Geburtenregister zu verzichten, wenn das Geschlecht (s. Intersexualität) nicht zweifelsfrei feststeht. Seit September 2014 gibt es unter Vorsitz des Bundesministeriums für Familie, Senioren, Frauen und Jugend eine interministerielle Arbeitsgruppe zur Situation inter- und transgeschlechtlicher Menschen. Unter Einbindung von Interessenverbänden sollen weitere Gesetzesänderungen beispielsweise im Transsexuellengesetz beraten werden.

Darüber hinaus soll im Kapitel Sexuelle Vielfalt in die interkulturelle resp. transkulturelle sexuelle Bildung eingeführt werden. Was bedeutet es für den Kontext Schule, wenn Menschen aus anderen Kulturen den Klassenverband bereichern? Braucht es eine besondere Sexualaufklärung oder spezielle Angebote? Benötigt es eine besondere Vorsicht im Umgang mit »vermeintlicher« Andersartigkeit oder reichen die bisherigen methodischen Zugänge aus? Kommt es eher auf kulturelle Sensibilität an, die dann aber für alle gleichwertig gelten müsste?

Zielgruppen

Dieses Buch richtet sich an Lehrkräfte von Grund- und Sekundarschulen für die Arbeit in den Jahrgangsstufen 4 bis 10. Ideal ist es, wenn die gemeinsame Aufgabe der Sexualaufklärung von Schulen und Eltern in enger Kooperation wahrgenommen wird. Für Sie als Lehrkraft bedeutet dies beispielsweise, einen Informationsbrief über Zeitpunkt und Themen der geplanten Einheit zur Sexualaufklärung zu verfassen. Für längere, curricular vorgegebene Einheiten kann auch die Durchführung eines themenspezifischen Elternabends sinnvoll sein. Dabei ist es möglich, externe Fachkräfte mit einzubeziehen. Irritationen oder einfach nur Sorgen von Eltern resultieren nicht selten aus dem Umstand, sich unzureichend informiert zu fühlen. Hilfreiche Tipps und Material nicht nur für gelingende Elternarbeit finden sie auf den Seiten der Bundeszentrale für gesundheitliche Aufklärung unter www.schule.loveline.de.

Hinsichtlich der Inhalte der Einheiten zur Sexualaufklärung gibt es Vorgaben der länderspezifischen Curricula. In verschiedenen Bundesländern sind die Bildungspläne im Bereich der Sexualaufklärung jüngst erneuert worden, was nicht immer konfliktfrei möglich war (s. o.). Methodisch-didaktisch hingegen gibt es eine gewisse Freiheit in der Unterrichtsgestaltung. Dabei ist zu berücksichtigen, dass die körperliche und psychoemotionale Entwicklung von Schülern und Schülerinnen innerhalb einer Altersgruppe stark divergieren kann. Deshalb kann es auch nicht *die eine richtige Methode* für ein Thema und ein bestimmtes Alter geben. Sie müssen immer damit rechnen, dass sie zugleich unter- als auch überfordern können. Grundsätzlich kann jedoch festgehalten werden, dass es viele Themen gibt, die alle Schüler/innen interessieren. Dazu zählen Inhalte wie Reproduktion, Schwangerschaft und Geburt, die Pubertät mit ihren physischen und psychischen Veränderungen oder auch Fragen zu den Geschlechtern und Geschlechtsrollenzuschreibungen. Das Sprechen über Sexualität wird eher in der Grundschule verortet, kann aber auch für die Sekundarschule bedeutsam sein. Dazu kommen in der weiterführenden Schule Themen wie Verhütung, sexuell übertragbare Infektionen, Liebe, Freundschaft, Partnerschaft sowie sexuelle Vielfalt und Identität.

Ob dabei in geschlechtsgetrennten und homogenen Gruppen gearbeitet wird, hängt sowohl von den Inhalten als auch vom Alter ab. Einen »Königsweg« gibt es dabei nicht: So kann es beispielsweise in einer 6. Klasse sinnvoll sein, nach Geschlechtern getrennt über die erste Menstruation, den ersten BH und die Monatshygiene zu sprechen. Die Jungen fokussieren das Thema sexuelle Gesundheit mehr auf Inhalte rund um ihren Penis. Bei allen körperbezogenen Themen hat sich das Arbeiten in geschlechtshomogenen Gruppen bewährt. Die Inhalte können intensiver und konzentrierter vermittelt werden. Aufkommende Schamgefühle können leichter wahrgenommen und verarbeitet werden. Gleichwohl ist es wichtig, dass beide Geschlechter über verschiedene körperliche Gegebenheiten und Vorsorgemaßnahmen Bescheid wissen sollten.

Im Sinne von sexueller Vielfalt ist jedoch die Einteilung solcher zweigeschlechtlicher Gruppen nicht unproblematisch, da sie immer dort zu Ausgrenzung führt, wo eine solche Zuordnung aufgrund der eigenen Identität nicht passend ist oder nicht erwünscht wird. Deutlicher wird das am Beispiel des Begehrens: Wenn mit einer Mädchengruppe zur Frage »Wie geht Flirten mit Jungs?« gearbeitet wird, werden die Mädchen ausgeschlossen, die sich gar nicht für Jungen interessieren – sie sind dann bestenfalls gelangweilt, können sich aber auch als nicht wahrgenommen und ausgeschlossen fühlen. Die Vermittlung sexualitäts- und körperbezogener Inhalte benötigt stets Sensibilität. Dabei ist es auch immer wieder notwendig, Entscheidungen über das Setting zu treffen. Wenn diese abwechslungsreich angeboten werden, erhalten alle im Verlauf der Unterrichtsreihe eine Vielzahl an Informationen. Sie müssen immer davon ausgehen, dass die Zusammensetzung heterogen und nicht freiwillig wählbar ist. In der Regel werden sich Schüler/innen in der Klasse befinden, die homo-, hetero- oder anders sexuell sind, die Lern- oder Konzentrationsschwierigkeiten haben, die in einer prekären Lebenssituation groß werden und/oder Opfer von (sexueller) Gewalt sind.

In inklusiven Klassen gilt das Gleiche wie in Klassen mit Schüler/innen aus anderen Kulturen. Es sind die verschiedenen Hintergründe, seien sie nun kognitiver, religiöser oder kultureller Natur, zu berücksichtigen. Nähe und Distanz, Intimität und Veröffentlichung, Unter- und Überforderung müssen durch die Lehrperson immer wieder neu ausbalanciert werden – und das betrifft alle, die in der Institution Schule zurechtkommen müssen.

Über Sexualität sprechen

Mit und ohne Worte – über Sexuelles ins Gespräch kommen

Sexualität vereint unterschiedliche Bedürfnisse, u. a. den Wunsch nach Beziehung, Fortpflanzung, Lust oder Geborgenheit. Diese können in den Lebensphasen variieren. Einflussfaktoren hierbei sind die jeweiligen Partnerschaften genauso wie die durch Erziehung kulturell und normativ erworbenen Vorstellungen. Die Kommunikation zwischen zwei oder mehreren Personen kann mit Worten oder nonverbal geführt werden.

Das Reden ohne Worte wird durch die Körpersprache ausgedrückt. Hier findet Kommunikation ohne Worte, also nonverbal, statt. Sie ermöglicht eine Kommunikation zwischen Menschen, auch wenn diese unterschiedliche (Ausgangs-)Sprachen sprechen oder auf Grund einer Beeinträchtigung das Sprechen gar nicht oder nur eingeschränkt möglich ist. Die Lautsprache greift auf Begriffe und Worte zurück, um eine Verständigung zu ermöglichen. Auch wenn beide Personen vermeintlich die gleiche Sprache sprechen, kann es in zwischenmenschlichen Dialogen zu Missverständnissen kommen. Das gilt besonders für die Besprechung sehr intimer oder persönlicher Themen, wie sie u. a. in der Partnerschaft oder in der Sexualität vorkommen. So verwenden Personen scheinbar eindeutige Begriffe wie Liebe oder Lust auf Sexualität, verstehen aber darunter sehr unterschiedliche Gefühle oder Handlungen. Noch größer ist der Unterschied, wenn Sie es mit Schüler/innen zu tun haben, deren zuerst erlernte Sprachen nicht deutsch sind. Indem das Ausgedrückte mit Worten in eine andere Sprache übersetzt wird, können entscheidende Sinnkomponenten verloren gehen und/oder falsch verstanden werden.

Sich mit Worten zu äußern fällt einigen Menschen leicht, während genau das anderen nur sehr schwer gelingt. Das gesprochene Wort ist leichter zu verfälschen als die Körpersprache oder die Mimik. Die Wahrnehmung der Verbindung von beiden ermöglicht eine ganzheitlichere Ausdrucksweise der Kommunikation, da sie neben der Benutzung von Worten auch die damit verbundenen Gefühle erkennen lässt. So fällt es beispielsweise vielen Menschen leichter, die Unwahrheit am Telefon zu sagen als in einem face-to-face Gespräch. Schule besteht größtenteils aus persönlichen Kontakten, und so sind Sie als Lehrer/in im Vorteil. In konkreten Prozessen können Sie darauf achten, wie die Schüler/innen sich äußern, welche Worte sie benutzen und welche Signale durch die Körpersprache wahrnehmbar sind.

Im Aufklärungszusammenhang steht meisten die Kommunikation per Lautsprache im Vordergrund. Aber gerade wenn es über das Sprechen über sexuelle Themen geht, sollte auch die Körpersprache/ Mimik mit in den Blick genommen werden, um Beschämung einzelner Schüler/innen zu vermeiden. Sprache wird benutzt, um mit anderen in Kontakt zu kommen. Dabei geht es darum, sich anderen mitzuteilen, sich auszutauschen, sich zu verständigen oder um Wünsche und Bedürfnisse zu äußern. Das gilt für alle Lebensbereiche. Bereits in der frühen Kindheit wird die Verknüpfung von Sexualität und Sprache erlernt. So werden aus unbewussten sexuellen Handlungen bewusste, die Kinder dann sprachlich äußern können. Für (kleine) Kinder gilt, dass sie sich meistens dem Sprachstil und dem -kodex der Erwachsenen anpassen. Das bedeutet, dass sie beispielsweise die Worte für die Geschlechtsorgane benutzen, die ihnen die Eltern anbieten. Kinder entwickeln zudem sehr früh ein Gefühl für nicht Ausgesprochenes und Verbotenes. Einen besonderen Reiz übt dann meistens die Benutzung der sexuellen Worte aus, die bei anderen Reaktionen auslösen bzw. Tabus berühren. Auch Jugendliche entwickeln einen eigenen Sprachkodex, kreieren neue Worte und testen sprachliche Grenzen im Sprechen über Sexualität gegenüber Gleichaltrigen oder Erwachsenen aus. Sowohl Kinder als auch Jugendliche nehmen Botschaften über Sexualität auf, die ihnen die Erwachsenenwelt bewusst oder unbewusst zur Verfügung stellt. Je jünger die Kinder sind, desto mehr nehmen sie die Worte (Körpersprache/Mimik) wahr, die hinter den gesprochenen Worten stehen. Erwachsene/Lehrer/innen sollten beim Sprechen über Sexualität aufmerksam sein. Wenn Ihnen etwas nicht über die »Lippen geht«, ist das in Ordnung. Sie sollten dann aber auch nicht versuchen, sich dieser Themen anzunehmen und zu verbiegen. Lehrer/innen haben einen Vorbildcharakter inne. Schüler/innen sollte nicht vermittelt werden, dass sie über Sexuelles sprechen müssen, wenn sie es als unangenehm oder beschämend erleben.

Darüber spricht man nicht oder doch?

Medial wurde oft die Verrohung der Jugendsprache im Bereich Sexualität thematisiert. Diese Befürchtung lässt sich durch keine

Untersuchung bestätigen. Nach wie vor besteht eine Diskrepanz zwischen öffentlichem und privatem Sprechen über Sexualität. Viele Paare, die beispielsweise eine Sexualberatungsstelle aufsuchen, benötigen Unterstützung, weil sie nicht (mehr) miteinander *sprechen* können. Das ist unabhängig von den Lebensbedingungen, der sexuellen Orientierung oder dem Alter. Sie trauen sich in der Paarbeziehung nicht, ihre sexuellen Wünsche, Bedürfnisse und Vorlieben auszutauschen. Demgegenüber steht das »Reden über Sexualität« in der Öffentlichkeit. Sexualität wird medial in unterschiedlicher Couleur massenhaft verbreitet. Intimität, die von Jugendlichen und Erwachsenen öffentlich preisgegeben wird, kann auf Dauer die Wahrnehmung zwischen Realität und Wunschdenken verfälschen. Eltern gehen davon aus, dass ihre Kinder gut aufgeklärt sind und zweifeln daran, wann der richtige Zeitpunkt für ein *Aufklärungsgespräch* gekommen ist. Dabei verpassen sie bisweilen den Zeitpunkt, um mit ihrem Kind offen über diese Themen zu sprechen. Nach den Aussagen von Kindern und Jugendlichen zu urteilen, führen Eltern die wesentlichen Aufklärungsgespräche zu spät. Mit Beginn der Pubertät finden eine allmähliche Ablösung von den Eltern und eine Verselbstständigung statt. Der Austausch über Wissen, Gefühle, Werte und Normen findet dann vermehrt in der Gruppe der Gleichaltrigen statt. Dadurch kann es bei Heranwachsenden zu einer eindimensionalen Wahrnehmung kommen, die durch mediale Verbreitung des Sexuellen entsteht. Alltägliche Sexualität, die verschiedene Sinnaspekte vereint, geht mit dem Wunsch nach Vertrauen, Nähe, Zärtlichkeit und Geborgenheit einher und wird in dieser Bandbreite und Komplexität medial selten abgebildet. Noch stärker von dieser Ambivalenz betroffen sind Eltern nicht deutscher Herkunft, aus anderen Kulturkreisen oder mit einer anderen Glaubens- bzw. Religionszugehörigkeit. Ihnen können die deutschen Sexualnormen, oder die, die sie für solche halten, unverständlich sein bzw. empfinden sie diese dann als moralisch verwerflich. Dazu gehört beispielsweise die inzwischen weit verbreitete Lebensform der unehelichen Beziehungen. Es gibt nach wie vor Länder, in denen strengere Sexualnormen bestehen als in Deutschland. So ist es Paaren beispielsweise untersagt, vorehechen Geschlechtsverkehr auszuüben. In Deutschland hat sich diese Norm, die den meisten nur noch aus der Vergangenheit bekannt ist, stark verändert. Sie ist nicht mehr zwangsläufig gesellschaftlich bindend. Das Jungfernhäutchen ist kein gesellschaftlich zu schützendes Gut mehr. In der Regel wissen das muslimische Eltern, die in Deutschland leben. Sie als Lehrkraft sollten auf solche Anfragen vorbereitet sein und auch mit Eltern über Sexualität sprechen können. Der Mythos, dass Sprechen über Sexualität in der Schule Kindern Schaden zufügen könnte oder sie zu sexuellen Handlungen anregt, hält sich hartnäckig.

Vielen Erwachsenen fällt es nach wie vor nicht leicht, mit Heranwachsenden über Sexualität zu sprechen. Es ist irgendwie peinlich, es fehlen die richtigen Worte und nicht wenige sind in Bezug auf sexuelle Themen wort- bzw. sprachlos. Auch wenn sich in Deutschland diesbezüglich sehr viel positiv verändert hat, wünschen sich Kinder und Jugendliche Gespräche mit Erwachsenen über Sexualität. Hier kommt auch den Lehrpersonen eine wichtige Bedeutung zu. Für Schüler/innen, insbesondere für die männlichen Jugendlichen, zählen Lehrer/innen zu den wichtigsten Personen, wenn es um sexualitätsbezogene Fragen und Aufklärung geht (Heßling/Bode 2015: 13–16).

Kommunikation kann auch Missverständnisse befördern

Sprache verändert sich, ist variationsreich und nicht immer für alle Menschen gleichermaßen verständlich. Beispielsweise wird das Wort »ficken« in unterschiedlichen Kontexten genutzt, bisweilen als Schimpfwort. Dr. Frank Herrath schreibt dazu:

> »Zudem hat das Wort ›ficken‹ – unter anderem – die etymologische Bedeutung von ›aneinander reiben‹ – was die Potenzen und Ambivalenzen sexueller Kommunikation und überhaupt von Beziehungen ›eigentlich‹ besser und

unideologisierter anspricht als irgendein anderes Wort für die klassische sexuelle Interaktion. Lautmalerisch dagegenwirken ›F‹ und ›CK‹ hart – womöglich endlich einmal nicht verquast, sondern kraftvoll. Provoziert das Aussprechen des Wortes ›*ficken*‹ so besehen nicht gerade den Zustand des Drumrumgeredes eines ›*zusammen schlafens*‹? Oder ist es einfach zu spitz im Ohr für eine Äußerung der Wollust? Was bedeutet schließlich die Tatsache, dass ›*ficken*‹ häufiger von Männern benutzt wird als von Frauen: Die monokulturelle Prägung männlicher Sexualität oder die monokulturelle Prägung weiblicher Sexualität? Ein und dieselbe Person kann sich mit verschiedenen ›*ficken*‹ unterschiedlich wohlfühlen und manche gar nicht. Es ist wichtig, das zu wissen. Sprechsicherer in konkreten Situationen macht dieses Wissen aber keineswegs« (Herrath 1994).

Ebenso finden wir in anderen Ländern Umgangsformen, die wir vielleicht befremdlich finden. Meral Renz erläutert:

»Denn in der Türkei wird gern und viel, vor allem in der Öffentlichkeit, geschimpft. Da werden die Mutter oder die Schwester verbal ›gefickt‹ oder jemandem wird Homosexualität vorgeworfen, um ihn zu erniedrigen. Meistens beschimpfen sich Männer untereinander. Im Beisein einer Frau gilt das als unschicklich« (Renz 2007: 21).

Betrachten wir diese beiden Beispiele, wird deutlich, dass auch Sprache nicht immer eindeutig ist und dass sie unterschiedlich benutzt, bewertet werden kann. Wörter, besonders dann, wenn sie aus einer anderen Sprache übersetzt werden, können zu großer Unsicherheit, zu Verwirrung und zu Kränkungen führen. Auch dann, wenn sie von der sprechenden Person anders gemeint waren als sie wahrgenommen werden.

Sprache ist von den eigenen Bezugspunkten abhängig

Die Benutzung von Sprache hängt von Erlerntem, Bekanntem, Erfahrungen und den eigenen Bezugspunkten ab. Tabuisierung einerseits und Vieldeutigkeit anderseits erschweren nicht nur das Sprechen über Sexualität, sondern auch den interkulturellen Dialog. Wir empfehlen deshalb das Thema »Sexualität und Sprache« in die Unterrichtsreihe einzuflechten bzw. sie als unterrichtlichen Einstieg zu benutzen. Ziel ist es, die Sprach- und Kommunikationsfähigkeit zu fördern und zu erweitern. Sie können über die unterschiedliche Bedeutung und Benutzung von Wörtern mit den Schüler/innen sprechen und ihnen vermitteln, dass in unterschiedlichen Situationen verschiedene Sprachstile gebräuchlich sind. Beispielsweise werden bei einem Arztbesuch andere Wörter für die Geschlechtsorgane benutzt als in einem intimen Zweiergespräch. Wörter können weich und hart klingen, mit und ohne sexuellen Inhalt sein oder als Schimpfwörter benutzt werden. Es kommt auf den Ton und die Intention an. So kann aus einem alltäglich benutzten Wort ein Schimpfwort werden. Heranwachsende aus Migranten- oder Aussiedlerfamilien können ihre Sprache mit in den Unterricht einbringen, aber auch die Mehrdeutigkeit der deutschen Sprache besser verstehen und einordnen. Ebenso können geschlechtsspezifische Unterschiede im Sprachgebrauch herausgearbeitet werden.

Tipps für den Unterricht

- Gestalten Sie die schulische Atmosphäre so, dass alle sich mit ihrer Sprache wohl fühlen können/dürfen. Dann wird es leichter sein, auch über brisante Themen und Fragestellungen ins Gespräch zu kommen. Eigene Gefühle und Grenzen müssen Entfaltungsmöglichkeiten haben und Beachtung finden. Das können Sie dadurch erreichen, indem Sie zu Beginn Regeln mit den Schüler/innen verhandeln und aufstellen, die für alle verbindlich sind.
- Auch Sie können sich zuvor mit Hilfe dieses Buches auf die Themen vorbereiten, und es wird Ihnen leichter fallen, eine angemessene Jugendsprache zuzulassen und unbekannte Wörter und andere Sprachen mit in den Unterricht einzubeziehen.

Ein Nebeneffekt ist die Förderung eines interkulturellen Dialogs. Die Schüler/innen bringen sehr viele verschiedene Sprachstile mit, die in den Unterricht eingeflochten werden können und einen Teil der Vielfalt in der Klasse abbilden.

* Sie können die Kinder und Jugendlichen unterstützen, indem Sie ihnen die Bedeutung der Begriffe altersgemäß und verständlich erklären oder von den Mitschüler/innen erklären lassen. Viele kennen die tatsächliche Bedeutung von Fachbegriffen wie z. B. »Analverkehr« nicht. Im Grundschulalter sollten Begriffe so erläutert werden, dass sie gleichzeitig mit der Orientierung verbunden werden, dass es sich dabei um Facetten von Erwachsenensexualität handelt. Heutige Grundschulkinder schnappen viele Begriffe auf, die sie nachplappern und dessen Bedeutung ihnen nicht klar ist. Sie erfahren aber durchaus durch die Reaktion der Erwachsenen, dass es sich dabei um ein Tabu handelt. An dieser Stelle müssen Sie als Lehrkraft eine Balance zwischen gelungener Aufklärung versus einer Überforderung gewährleisten.
* Es könnte Ihnen den Unterricht erleichtern, wenn Sie sich mit dem Ursprung und der Bedeutung von sexuellen Wörtern beschäftigt haben. Sie vermeiden Irrtümer und Falschannahmen. Z. B. wird den Kindern seit Generationen in der Schule und im Elternhaus das falsche Wort »Busen« als eine richtige Bezeichnung für die Brüste der Frau vermittelt.
* Aus unserer praktischen Erfahrung wissen wir, dass eine Einteilung in verschiedene Sprachstile beispielsweise wie die Einteilung in Hoch-, Umgangs- und Vulgärsprache, die häufig mit Bewertung und Diskriminierung einhergehen, nicht den gewünschten pädagogischen Erfolg bringen. Stattdessen empfehlen wir die Förderung von Vielfalt, Sinnlichkeit und Kreativität in der Sprache.

(Dieses Kapitel beruht in Teilen auf der Veröffentlichung: Martin, Beate: Sexualaufklärung – Sexualpädagogik. In: Schneider, Eva (Hrsg): Hebammen an Schulen. Frankfurt am Main 2008, S. 41–74).

Methodenteil

Zur Sexualität gehört ...

Zielgruppe und Zeitumfang	Ab Jahrgangsstufe 4 bis 13, ca. 60 Minuten
Intention	Der Begriff Sexualität ist zunächst ein abstrakter Begriff, der von jedem Einzelnen unterschiedlich benutzt wird und verschiedene Gefühle und Assoziationen auslösen kann.
Ziele	Förderung der Sprach- und Kommunikationsfähigkeit; über Sexualität ins Gespräch kommen; verstehen und kennen lernen verschiedener Ansichten, sich mit dem abstrakten Begriff »Sexualität« auseinandersetzen.
Material	Große Papierbögen, dickere Schreibstifte in der Anzahl der Schüler/innen
Verlauf und Instruktion	Bei dieser Übung handelt sich um eine stumme Diskussion, die zunächst in Kleingruppen durchgeführt wird. Es darf dabei nicht gesprochen, sondern nur geschrieben werden. Desweiteren geht die Aufforderung an alle Mitglieder der Kleingruppe, die Begriffe zu sammeln, die konkret Sexuelles beschreiben bzw. benennen. Diese werden auf die vorbereiteten großen Papierbögen geschrieben, die jeweils in der Mitte der jeweiligen Kleingruppe liegen. Nach etwa 20 Minuten werden die beschriebenen Papiere von allen Gruppen aufgehängt. Im Anschluss notiert jede/r Schüler/in für sich in Einzelarbeit auf zwei farblich unterschiedlichen Moderationskarten jeweils einen Begriff, den er/sie als positiv und einen den sie als negativ bewerten. Danach können diese Begriffe in den bestehenden Kleingruppen oder im Klassenverband besprochen werden.

Nachbearbeitungs- und Einsatzmöglichkeiten	Es kann herausgearbeitet werden, wo es Unterschiede und/oder Gemeinsamkeiten gibt. Es können sowohl kulturspezifische als auch geschlechtsspezifische Aspekte berücksichtigt werden. Alternative 1: Die Übung kann in geschlechtshomogenen Gruppen durchgeführt werden. Anhand der Gruppenergebnisse können geschlechtsspezifische Aspekte leichter erkannt und thematisiert werden. Für muslimische Mädchen könnte die Trennung nach Jungen- und Mädchengruppen eine Voraussetzung sein, um sich am Gespräch und an der Übung beteiligen zu können. Alternative 2: Die beteiligten Schüler/innen nennen die Begriffe und die moderierende Person schreibt diese auf. Das kann insbesondere für Gruppen, in denen sich Schüler/innen mit Schreibschwierigkeiten befinden, hilfreich sein.
Praxistipp für Lehrer/innen	Der Hinweis darauf, dass es bei dieser Übung nicht auf die richtige Schreibweise ankommt, ist sinnvoll.

Diese Methode wurde von Beate Martin beschrieben und in anderen Werken so oder in anderen Varianten veröffentlicht.

Begriffssammlung zu sexuellen Wörtern

Zielgruppe und Zeitumfang	Ab Jahrgangsstufe 4 bis 13; ca. 45 bis 60 Minuten
Intention	Durch diese Übung können falsche Bezeichnungen korrigiert und aufgegriffen werden, um sachliche Erklärungen zu geben. Sie erhalten die Möglichkeit, den vorhandenen Wissensstand und Sprachschatz im Klassenverband festzustellen und im weiteren Verlauf daran anknüpfen zu können. So ist z. B. der Begriff »blasen« vielen Schüler/innen bekannt, wird aber häufig als ein anderes Wort für den Geschlechtsverkehr genannt.

Über Sexualität sprechen

Ziele	Ins Gespräch kommen; auf spielerische Art die Sprachkompetenz erweitern.
Material	Flipchartpapier, Zeitungsrolle, Papierrollen, dicke Filzstifte
Verlauf und Instruktion	Die Schüler/innen werden gebeten, sich in Kleingruppen zusammen zu finden und alle Begriffe, die sie für die männlichen, die weiblichen Geschlechtsorgane und für den Geschlechtsverkehr kennen, auf den zuvor vorbereiteten Papierbogen zu schreiben. Die Sammlung sollte alle Wörter, die sie kennen/schon einmal gehört haben, beinhalten. Alles ist erlaubt, auch Wörter, die sie nicht aussprechen mögen. Das bedeutet, dass sie auch aufgefordert werden, Begriffe aus der so genannten Vulgär-, oder Umgangssprache aufzuschreiben. Insgesamt stehen hierfür ca. 20 Minuten zur Verfügung. Danach werden alle Plakate aufgehängt. Nun werden einzelne Begriffe von der Klasse spielerisch überprüft und ggf. diese herausgestrichen, die nicht richtig sind (wie z. B. blasen als Bezeichnung für den Geschlechtsverkehr) oder von Mitgliedern aus der Gruppen als nicht akzeptabel gewertet werden. Bei Bedarf kann ein Austausch über den Zusammenhang von Sexualität und Sprache erfolgen.
Nachbearbeitungs- und Einsatzmöglichkeiten	Bei Bedarf kann neben der Sammlung ein Austausch über den Zusammenhang von Sexualität und Sprache erfolgen. Alternative 1: Je nach Zeit und Zielvorstellung können die Schüler/innen aufgefordert werden, sich aus jeder Kategorie einen für sie positiv besetzen und einen negativen Begriff auszuwählen. Das geschieht vor der Veröffentlichung im Klassenverband. Auf Zuruf werden alle Begriffe auf einem Plakat zusammengefasst und markiert. Für positiv und negativ bewertete Begriffe bitte verschiedene Farben oder Symbole verwenden! Diese Variante erleichtert die Besprechung in der Großgruppe, weil die persönlichen Vorlieben und die Verschiedenheit in der Klasse leichter verdeutlicht werden können. Zusätzlich könnte die Bewertung in geschlechtshomogenen Gruppen durchgeführt werden und unter Berücksichtigung der Kategorie Geschlecht ausgewertet werden. Die Unterschiede und Gemeinsamkeiten können dann mit der Klasse herausgearbeitet und thematisiert werden, ebenso wie geschlechts- oder kulturell bedingte Unterschiede im Sprachgebrauch verdeutlicht werden können.

	Alternative 2: Die Methode kann wie ein Wettspiel zwischen den jeweiligen Kleingruppen angeleitet werden. Dabei wird zusätzlich die Anzahl der gefundenen Begriffe gezählt und ggf. eine Belohnung oder ein Trostpreis verteilt.
Praxistipp für Lehrer/innen	Bereiten Sie sich auf diese Übung vor, damit sie keine Bewertung der aufgeschriebenen Wörter vornehmen.

Diese Methode wurde von Beate Martin beschrieben und in anderen Werken so oder in anderen Varianten veröffentlicht.

Eine Sprache für Sexuelles finden

Zielgruppe und Zeitumfang	Ab Jahrgangsstufe 4 bis 13, ca. 45 bis 60 Minuten
Intention	Die Schüler/innen werden angeregt, über die Benutzung von Sprache zu sexuellen Themen nachzudenken. Ein angeleiteter Austausch fördert das gemeinsame angemessene Sprechen zu sexuellen Themen.
Ziele	Die Schüler/innen sollen sich der eigenen Sprachvorlieben bewusst werden und üben, auch im Klassenverband über Sexuelles zu sprechen; Förderung der Kommunikation über Gemeinsamkeiten und Unterschiedlichkeit; Auseinandersetzung mit der sprachlichen Lerngeschichte; Förderung der sexuellen Selbstbestimmung durch bewusstes Sprechen und das Erkennen von eigenen und fremden Bewertungen.
Material	Arbeitsblatt »Über Sexualität sprechen«
Verlauf und Instruktion	Die vorbereiteten Arbeitsblätter »Über Sexualität reden« werden an die Schüler/innen verteilt. Die Aufgabe ist es nun, für alle Zeichnungen Begriffe zu finden, die den Schüler/innen bekannt sind oder die sie bevorzugen/selber benutzen
Nachbearbeitungs- und Einsatzmöglichkeiten	Nach dem Ausfüllen können die Begriffe in Kleingruppen verglichen werden. Je nach Alter kann sich im Klassenverband ein Austausch über verschiedene Sprachstile, Vorlie-

Über Sexualität sprechen

	ben und angemessenes Sprechen in verschiedenen Alltagssituationen anschließen.
Praxistipp für Lehrer/innen	Diese Methode eignet sich als Einstiegsmethode für den Sexualkundeunterricht, insbesondere für Schüler/innen, für die deutsch eine Fremdsprache ist oder die Schreibschwierigkeiten haben.

Arbeitsblatt:

Was ist das?	Welche Begriffe, kennst du dafür?
Zeichnung/Abbildung Brüste	
Zeichnung/Abbildung Scheide	
Zeichnung/Abbildung Penis	
Zeichnung/Abbildung Geschlechtsverkehr	
Zeichnung/Abbildung Po	

Begriffe raten oder erklären!

Zielgruppe und Zeitumfang	Ab Jahrgangsstufe 8 bis 13, auch ab Jahrgangsstufe 4, wenn andere altersgemäße Begriffe gewählt werden, ca. 45 bis 90 Minuten
Intention	Schüler/innen haben Spaß an Ratespielen, besonders dann, wenn sie mit interessanten Themen verknüpft sind. Durch das Spiel werden sie aktiviert und zum Mitmachen angeregt.
Ziele	Begriffe und deren Bedeutung kennen und verstehen lernen; passende Erklärungen und Worte zu finden; fördert die Kommunikations- und Sprachkompetenz im Klassenverband.
Material	Begriffskarten Arbeitsblatt »Begriffe verbal oder nonverbal darstellen und raten«.
Verlauf und Instruktion	In die Mitte des Raumes werden Karten mit verschiedenen Begriffen platziert. Nun darf jede/r, der möchte, eine Karte vom Stapel ziehen und den Begriff pantomimisch darstellen oder mit Worten erklären. Wortverwandte Begriffe bzw. dem Begriff entsprechenden Verben dürfen nicht benutzt werden! Die anderen Schüler/innen werden aufgefordert, den Begriff möglichst schnell zu erraten. Wer als erster die richtige Antwort gegeben hat, darf die nächste Karte ziehen.
Nachbearbeitungs- und Einsatzmöglichkeiten	Im Anschluss können Sie bestimmte Begriffe aufgreifen und näher erläutern oder Sie benutzen die Übung als Einstieg in das Themenfeld »Sexualität«. Bitte machen Sie vor Spielbeginn darauf aufmerksam, dass eine Karte auch weitergegeben werden darf, wenn der Begriff nicht bekannt ist oder die Schüler/in sich nicht aktiv beteiligen möchte. Alternativ kann die Klasse auch in Gruppen eingeteilt werden, die dann in Form eines Wettspiels gegeneinander antreten.
Praxistipp für Lehrer/innen	Bitte machen Sie vor Spielbeginn darauf aufmerksam, dass eine Karte auch weitergegeben werden darf, wenn der Begriff nicht bekannt ist oder die Schüler/in sich nicht aktiv beteiligen möchte. Im Anhang finden Sie eine Auswahl an möglichen Begriffen. Diese können ergänzt oder neu gestaltet werden.

Arbeitsblatt 5: Begriffskarten

> Hochzeitsnacht, Liebeskummer, Traumhochzeit, Eifersucht, Eheringe, Homosexualität, schwul, lesbisch, bisexuell, transsexuell, Schwiegereltern, Jungfernhäutchen, Gebärmutter, Selbstbefriedigung, Phimose, Urologe, Gynäkologe, bumsen, Muttermund, Geschlechtsverkehr, Vertrauen, einen Steifen kriegen, Fruchtbarkeit, Liebe, Morgenlatte, Liebesgeflüster, Kinderlosigkeit, Schwangerschaft, Kinderwunsch, Küssen, Schmetterlinge im Bauch haben, Samenerguss, Spermien, Jungfrau, Orgasmus, Bettgeflüster, SMS, Eifersucht, Anmachen, Aufklärung, Herzklopfen, Pornografie.

Diese Methode wurde von Beate Martin beschrieben und in anderen Werken so oder in anderen Varianten veröffentlicht.

Körper- und Sexualaufklärung

Jugendliche schätzen Schule und Eltern als Wissensvermittler

Jugendliche haben heutzutage mehr Wissen über ihren Körper und über Sexualität als beispielsweise vor fünfzig Jahren. Dennoch wünschen sie sich Aufklärung durch Erwachsene, die mit ihnen über Körpervorgänge und sexuelle Reaktionsweisen sprechen. Zu viele Informationen können aber auch verwirren.

Die Hauptansprechpartnerin in Sachen Aufklärung war lange Zeit die Mutter und zwar für beide Geschlechter. Während dies bei den Mädchen nach wie vor Gültigkeit hat, lässt sich bei den

Jungen im Langzeittrend eine Verschiebung zu Gunsten des Vaters konstatieren. Bei ihnen sind Vater und Mutter inzwischen gleichbedeutende Personen für die Aufklärung (Heßling/Bode 2015: 13–15). Aber auch die Schule wird als eine wichtige Aufklärungsquelle genannt. Im Langzeittrend hat die Bedeutung der schulischen Aufklärung insbesondere bei den Jungen kontinuierlich zugenommen. Über 80 % der Jugendlichen geben an, dass sie wesentliche Informationen durch den Schulunterricht erhalten haben. Für 43 % der Jungen waren Lehrer/in die wichtigste Person der Sexualaufklärung (ebd.: 34). Die positive Entwicklung der letzten Jahre, dass immer mehr Jugendliche über eine Vertrauensperson zu sexualitätsbezogenen Fragen verfügen, wurde auch durch die neuesten Untersuchungen bestätigt. Dabei ist eine geringe Geschlechterdifferenz zwischen Jungen (83 %) und Mädchen (90 %) nach wie vor wahrnehmbar (ebd.: 21–25). Allerdings betrifft das die Jugendlichen deutscher Herkunft mehr als diejenigen, die eine Migrationsvorgeschichte (Jungen 82 %, Mädchen 83 %) haben. Ob Vertrauenspersonen zur Verfügung stehen, ist stark vom Alter abhängig. Besonders die 14-Jährigen, die sich in der Regel einer pubertären Umbruchphase befinden, sind am ehesten auf sich alleine gestellt, um offene sexuelle Fragen klären zu können. Die Mädchen deutscher Herkunft sind am besten versorgt. Jeder vierte Junge hat unabhängig von der Herkunft niemanden und bei den Mädchen mit Migrationshintergrund hat jede Dritte dieses Alters keine Vertrauensperson für diese Themen. Dabei sind insbesondere die türkischen Mädchen (28 %) schlechter gestellt als alle anderen (ebd.: 21). Die Bedeutung der Eltern als Vertrauenspersonen zu sexuellen Fragen lässt sich wie folgt zusammenfassen: Geschlechterunterschiede zwischen Jungen und Mädchen sind deutlich wahrnehmbar. Mädchen und Jungen sprechen lieber mit Erwachsenen des gleichen Geschlechts. In Migrantenfamilien werden die Eltern seltener als Vertrauenspersonen benannt. Eine gute Kompensationsmöglichkeit bieten hier für beide Geschlechter der beste Freund oder die beste Freundin (ebd: 23).

Gleichaltrige und Medien tragen zu Kompensation bei, wenn Erwachsene fehlen

Ebenso bedeutend wie das Gespräch mit den Eltern ist für beide Geschlechter die Gruppe der Gleichaltrigen, auch wenn diese Form der Aufklärung und Vertraulichkeit anders zu bewerten ist. Wenn es darum geht, sich auszutauschen, über Gefühle, Veränderungen und über Sexualität zu sprechen, sind die Gleichaltrigen sicherlich hilfreiche Ansprechpartner/innen. Ein gutes Gespräch und Verständnis können helfen, Probleme zu meistern. Leider mangelt es in diesen Kontexten häufig an richtigem und umfassendem Wissen und den erforderlichen (Detail-)Informationen. Hinzu kommt, dass es zwar cool ist, in der Peer-Gruppe über Sex zu reden, aber zuzugeben, dass Wissenslücken vorhanden sind, noch keine Erfahrungen zur Verfügung stehen oder dass beim ersten Kuss alles schiefgegangen ist, fällt den meisten Jugendlichen schwer. Besonders die Jungen beziehen einen Großteil ihrer Informationen aus Pornofilmen oder anderen Medien, auch mangels männlicher Ansprechpartner zu konkreten sexualitätsbezogenen Fragen. Aufklärung erfolgt vor allem in der Schule und durch personale Kommunikation im privaten Bereich. Medien dienen als ergänzende Aufklärungsquelle für Schüler/innen. Dabei steht das Internet bei den Jungen als Informationsquelle an erster Stelle. Mädchen bevorzugen nach wie vor Jugendzeitschriften, auch wenn sie inzwischen das Internet häufiger nutzen, um Wissen zu erlangen. Jugendzeitschriften dienen auch Jungen als Aufklärungsquelle. Für beide Geschlechter haben diese Medien einen hohen Stellenwert. Alle anderen wie z. B. Aufklärungsbroschüren, Fernsehfilme folgen in einem großen Abstand (Ebd.: 57).

Über Körper und Sexualität in der Schule zu sprechen, bleibt bedeutsam

Trotz zunehmender medialer Verbreitung von Sexualität oder gerade deshalb ist es notwendig, auch weiterhin das Thema »Körper- und Sexualaufklärung« im Unterricht zu besprechen. Hier bietet es sich aus Gründen des Intimitätsschutzes an, mit sexualpädagogischen Fachkräften zu kooperieren. Sie können unabhängig von Beziehungsgeflechten und Leistungsbewertung alle Fragen, auch sehr intime und persönliche, fachgerecht beantworten. Auch besteht meistens die Möglichkeit, über die Veranstaltung hinaus Gesprächs- und Beratungsmöglichkeiten in Anspruch zu nehmen. Das kann Sie als Lehrkörper entlasten, wenn es um persönliche Probleme, sehr intime Fragestellungen oder eine zeitaufwendige »Nachsorge« handelt.

Respekt vor anderen beginnt vor allem damit, sich selbst wertzuschätzen. Dazu benötigen Kinder und Jugendliche Unterstützung. Hierbei geht es auch darum, den (neuen) eigenen Körper kennen zu lernen, sich auf Veränderungen vorzubereiten (z. B. Jahrgangsstufe 4 bis 6) sowie eigene Stärken und Schwächen anzunehmen. Die Wertschätzung des Körpers trägt zur Erhöhung des Selbstwertgefühls bei. Das geschieht im schulischen Alltag zum Beispiel dadurch, dass der »Normalitätsbegriff« thematisiert und hinterfragt wird. Wenn Personen über eine ausreichende Ich-Stärke verfügen und es ihnen gelingt, sich so anzunehmen, wie sie sind, nehmen sie ihre eigenen Bedürfnisse eher wahr. Es wird ihnen dann auch besser gelingen, sich im Beisein von anderen zu öffnen, ihnen Vertrauen, Empathie und Liebe zu schenken. Das gilt für Partner- und Freundschaften wie für den Umgang mit Gleichaltrigen oder Erwachsenen. Die Musikgruppe »Die Ärzte« beschreibt diesen Zusammenhang in dem populären Song »Schrei nach Liebe«. Das »Wohlfühlen« im eigenen Körper ist gleichfalls eine entscheidende Voraussetzung für das Erleben einer befriedigenden Sexualität. Wissen und der Austausch mit anderen tragen dazu bei, mit den eigenen Unzulänglichkeiten zu leben. Die Schüler/innen können beispielsweise erfahren, dass auch Mitschüler/innen Mängel an sich wahrnehmen und mit ihrem Körper teilweise unzufrieden sind. Körperwahrnehmungsübungen tragen dazu bei, positive Erfahrungen mit dem eigenen Körper zu machen. Im Sportunterricht sollten deshalb neben den normalen sportlichen Aktivitäten auch immer Bewegungsspiele und Entspannungsübungen mit einbezogen werden. Damit alle Jungen und Mädchen diese Erfahrungen ungetrübt machen können, ist es ratsam, den Sportunterricht mit Beginn der Pubertät nicht mehr in koedukativen Gruppen durchzuführen. Für viele Mädchen, besonders für muslimische, ist das manchmal die einzige Möglichkeit, sich ohne Scham am Sportunterricht zu beteiligen und ausreichend zu bewegen.

Heterogenität muss im Sexualkundeunterricht Berücksichtigung finden

Keine Schulklasse ist homogen, auch wenn die meisten Schüler/innen einer Klasse/Jahrgangsstufe mit einigen wenigen Ausnahmen gleichaltrig sind. Dennoch bestehen Unterschiede sowohl in Bezug auf ein unterschiedliches kognitives und emotionales Niveau als auch in der Unterschiedlichkeit des Großgewordenseins, der psychosexuellen Entwicklung und beim Umgang mit Körperkontakt, Aufklärung und Kommunikationskultur im außerschulischen Rahmen. So finden Lehrkräfte in jeder Klasse gravierende Unterschiede in der Kultur des Wortwechsels, die nicht nur bei Schüler/innen aus Migrantenfamilien zu finden sind. Verbale Äußerungen sind eben nicht immer eindeutig und somit allgemein verständlich. Das Sprechen über Sexualität, auch in der Schule, kann von Seiten des Elternhauses aus nicht üblich oder verboten sein. Geringe Erfahrungen mit Rede und Gegenrede, Sprachbarrieren auf Grund einer anderen Muttersprache können das Verständnis und die Kommunikation erschweren. Ebenso kann es innerhalb der Familie als unsittlich gelten, in einer Gruppe oder in Anwesenheit des anderen Geschlechts über Körpervorgänge und Sexualität zu sprechen.

Viele Eltern befürchten, dass ihr Kind durch Sexualerziehung zu früh zu sexuellen Aktivitäten angeregt werden könnte, deshalb sollten Eltern sich gut über die schulischen Ziele und Inhalte der Sexualerziehung informiert fühlen.

Wenn Sie das Thema »Körper- und Sexualaufklärung« im Unterricht behandeln, was wir unbedingt anraten möchten, empfiehlt es sich, die Klasse in eine Jungen- und Mädchengruppe aufzuteilen. Besonders muslimische Mädchen fühlen sich unbeeinflusster. Einige von ihnen wurden zudem so erzogen, dass sie in Anwesenheit von Jungen/Männern keine Fragen stellen oder sich am Gespräch beteiligen dürfen. Das gilt aber auch für viele andere Mädchen und Jungen. In einer geschlechtshomogenen Gruppe fällt es den meisten Schüler/innen leichter, ernsthaft zu bleiben, die eigene Scham zu überwinden und körper- und sexualitätsbezogene Fragen zu stellen. Aber auch hier ist das Geschlecht der Lehrperson nicht unbedeutend und bei der Planung zu berücksichtigen. In gemischt-geschlechtlichen Gruppen überwiegen ansonsten in Anwesenheit des anderen Geschlechts häufig die coolen, allwissenden und spaßigen Sprüche, die zur Reduzierung der Lerninhalte und -ziele führen. Lachen, Sprüche klopfen oder witzeln ist beim Thema Aufklärung nicht vermeidbar, sogar wünschenswert, weil sie zur Auflockerung und zur Verringerung von Scham oder Peinlichkeit beitragen. Aber jede Form der Bloßstellung, des Auslachens sollte sofort unterbunden werden. In der Praxis hat es sich auch bewährt, wenn die Jungen im Anschluss an die Aufklärungseinheit Fragen an die Mädchen formulieren und umgekehrt. Diese können dann ebenso gruppenweise ausgetauscht und beantwortet werden.

Da in Bezug auf Körper- und Sexualwissen besonders viele Vorurteile und Wissenslücken bei den einzelnen Schüler/innen zu vermuten sind, es bei diesen Themen auch um einen kulturellen und geschlechtlichen Austausch geht, empfehlen wir, im Laufe der

Schulzeit, entsprechend dem Bedarf in den jeweiligen Altersgruppen, folgende Themen zu bearbeiten, ggf. altersentsprechend zu wiederholen:

- Aufbau und Funktion der inneren und äußeren Geschlechtsorgane
- Körperliche Veränderungen während der Pubertät
- Hygiene
- Jungfernhäutchen
- Menstruation
- Beschneidung
- Verhütungsmittel
- Sexuell übertragbare Infektionen und Aids
- Schwangerschaft, Elternschaft und Geburt

Praxistipp

Bereiten Sie die Themen so auf, dass sie möglichst anschaulich, abwechslungsreich und nicht allein biologisch orientiert ausgerichtet sind.

Wenn Sie Bildmaterial verwenden, achten Sie darauf, dass keine Schamgrenzen überschritten werden.

Bei der Auswahl unserer Methodenvorschläge haben wir die vorliegenden Praxiserfahrungen mit unterschiedlichen Zielgruppen sowie vorliegende, aktuelle, wissenschaftliche Erkenntnisse z. B. aus den Jugendsexualitätsstudien der BZgA berücksichtigt.

(Dieses Kapitel beruht in Teilen auf der Veröffentlichung: Martin, Beate: Körper- und Sexualaufklärung. In: Schmidt, Renate-Berenike, Sielert, Uwe (Hrsg.): Handbuch Sexualpädagogik und sexuelle Bildung. Weinheim und Basel 2008, S. 670–686).

Methodenteil

Fühlen, spüren und erleben

Zielgruppe und Zeitumfang	Ab Jahrgangsstufe 4, ca. 45 bis 90 Minuten
Intention	Körper- und Sexualaufklärung wirkt nachhaltiger, wenn sie multisinnlich vermittelt und prozessorientiert angeboten wird. Dazu ist es notwendig, miteinander ins Gespräch zu kommen. Der »Fühlsack« eignet sich sehr gut als Einstieg in das Thema, weil der Lehrer/die Lehrerin im Verlauf der Übung einen guten Überblick über den Wissensstand der Schüler/innen bekommt und Anknüpfungspunkte für die Unterrichtsthemen, die es zu bearbeiten gilt, erhält.
Ziele	Förderung der Sprach- und Kommunikationskompetenz; miteinander über Körper und Sexualität ins Gespräch kommen; Informationsvermittlung
Material	Ein vorbereiteter »Fühlsack«, der z. B. aus einem Kopfkissenbezug bestehen kann. In diesem »Sack« befinden sich verschiedene Gegenstände, die Assoziationen zum Themenfeld ermöglichen. Z. B.: Lippenstift, Massageball, Bürste, BH, Boxershorts, Liebesbrief, Bravo, Aufklärungsbroschüre, Kondom, Pillenpackung, Tampon, Binde. Je nach Jahrgangsstufe wird der »Fühlsack« mit unterschiedlichen Materialien bestückt.
Verlauf und Instruktion	Die Schüler/innen werden aufgefordert, einen Kreis zu bilden und die Tische zur Seite zu stellen. Nun wird der vorbereitete »Fühlsack« herum gegeben mit der Aufforderung versehen, nicht in den Sack hineinzugucken, sondern die darin liegenden Gegenstände nur zu erfühlen. Die Schüler/innen sollen sich dann nach und nach für einen Gegenstand entscheiden und diesen herausnehmen und den anderen zeigen. Die Person, die den Gegenstand herausgeholt hat, soll nun den anderen ihre Assoziationen bzw. alles, was ihr dazu einfällt, mitteilen. Die anderen Schüler/innen können helfen oder ergänzen. Dann wird der Gegenstand in die Mitte gelegt und der Sack wird an die nächste Schüler/in weiter gegeben.

Nachbearbeitungs- und Einsatzmöglichkeiten	Wenn alle Gegenstände in der Mitte liegen, können weitere Zusammenhänge detaillierter erläutert und offene Fragen geklärt werden. Alternative 1: Nachdem alle Gegenstände in der Mitte liegen, sollen sich die Schüler/innen für einen Gegenstand entscheiden, den sie besonders positiv bewerten und anhand dessen sie erläutern, was ihnen in Bezug auf Freundschaft, Beziehung oder in der Sexualität besonders wichtig ist. Alternative 2: Bevor die Gegenstände aus dem Sack genommen werden, dürfen die Schüler/innen versuchen, möglichst viele Gegenstände durch das Fühlen zu erraten.
Praxistipp für Lehrer/innen	Bitte bestücken Sie den »Fühlsack« je nach Altersgruppe oder Themenschwerpunkt mit unterschiedlichen Gegenständen. Ruhigere Gesprächsanlässe ergeben sich meistens erst dann, wenn sich keine Gegenstände mehr im Sack befinden, weil die Schüler/innen vorher zu aufgeregt und neugierig sind.

Diese Methode wurde von Beate Martin beschrieben und in anderen Werken so oder in anderen Varianten veröffentlicht.

Gut zu wissen – Besuch bei der Frauenärztin

Zielgruppe und Zeitumfang	Jahrgangsstufe 6–10 und älter, geschlechtshomogene Mädchengruppe, bei besonderem Interesse auch für Jungengruppen geeignet. Durch die 5 Sprachversionen des Films gut für Gruppen geeignet, in denen Deutsch, Türkisch, Farsi/Persisch, Arabisch und/oder Englisch gesprochen wird. Ca. 10 min. Film ansehen und je nach Intensität und Tiefe 30–50 Minuten Nachgespräch.
Intention	Zugang zu einem schambesetzten und mit Mythen behafteten Thema.
Ziele	Wissenserweiterung rund um den Besuch bei der Frauenärztin, das Hymen (Jungfernhäutchen) und Patientinnenrechte, Austausch über und Abbau von Ängsten bezüglich des ersten Besuchs bei der Frauenärztin.

Körper- und Sexualaufklärung

	Auseinandersetzung mit Mythen um die oben genannten Themen sowie Stärkung des Selbstbewusstseins.
Material	Smartphones, Tablets oder Computer (wenn die Filme online geguckt werden); Videovorführgerät und DVD (wenn die Filme offline geguckt werden) Kurzfilm ca. 7 min. Bildermappe (*Die erste Seite der Bildermappe bietet für die fünf Sprachen QR-Codes, wodurch über einen Barcode-Scanner des Smartphones direkt zum jeweiligen Film verlinkt wird.*) Die Filme sowie die Bildermappe stehen kostenfrei auf der Projekthomepage gutzuwissenfilm.wordpress.com zur Verfügung und können darüber hinaus im Downloadbereich herunter geladen werden.
Verlauf und Instruktion	Die Schüler/innen (TN) schauen zuerst den Film an. Dies geschieht entweder auf Smartphones, Tablets oder Computern in kleineren Gruppen oder in einer gemeinsamen Vorführung. Im Nachgespräch sollten in einem ersten Schritt Verständnisfragen geklärt werden. Danach können, unterstützt durch die Bildermappe, Themen des Films vertiefend besprochen werden: *Warum gehen Frauen und Mädchen eigentlich zur Frauenärztin?* *Was passiert dann dort?* *Wann muss sich ein Mädchen auf den Stuhl setzen und untersuchen lassen?* *Und wie ist das, wenn eine Frau dabei Angst um ihre Jungfräulichkeit hat?* *Was ist eigentlich das Jungfernhäutchen?* *Bluten alle Mädchen beim ersten Mal?* *Und welche Tipps gibt es, wenn ein Mädchen zum ersten Mal zur Frauenärztin geht?*
Nachbearbeitungs- und Einsatzmöglichkeiten	Bisher gibt es nur Studien, die nachweisen, dass Ärzt/innen am Hymen nicht erkennen können, ob das Mädchen oder die Frau Geschlechtsverkehr hatte. Aus Ländern, in denen Hymen vermehrt begutachtet werden, gibt es keine Studien. Schön ist es, den Film vorbereitend für einen Ausflug zu einer Einrichtung mit Untersuchungsraum und gynäkologischem Stuhl anzusehen.
Praxistipp für Lehrer/innen	Wenn die Filme individuell angeschaut werden, muss genügend Platz vorhanden sein, damit die Filme in den kleinen Gruppen

zu verstehen sind. Das Thema Jungfräulichkeit kann mit unterschiedlichen Moral- und Wertvorstellungen innerhalb der Gruppe (inklusive der Lehrkraft) besetzt sein. Es geht darum, ein Gespräch zwischen ggf. unterschiedlichen Vorstellungen und Lebensentwürfen zu moderieren.

Diese Methode wurde entwickelt von Christina Witz, Institut für Sexualpädagogik isp Dortmund & Medienzentrum St. Pauli.

Jungen-Gesundheit: Der »Uro-Quiz«

Zielgruppe und Zeitumfang	Jungen ab Jahrgangsstufe 7, 30 Minuten
Intention	Einstiegsübung, die auf spielerische, humorvolle Weise das Thema urogenitale Gesundheit und Körperwissen für Jungen besprechbar macht.
Ziele	Das allgemein wenig beachtete Thema urogenitale Gesundheit für Jungen kann hier eröffnet werden. Sinnvoll ist es, dieses in den Zusammenhang von Körperaufklärung zu setzen, und auch die Bedeutung von hygienischen Maßnahmen kann an dieser Stelle erörtert werden. So kann einerseits Körperwissen, aber auch Wissen zu möglichen Auffälligkeiten und Erkrankungen vermittelt werden. Fragen der Normalität können geklärt und unnötige Sorgen genommen werden. Im Zweifelsfall werden Jungen so ermutigt, zum Urologen zu gehen.
Material	Kopiertes Quiz, evtl. zusätzliches Infomaterial (siehe unten)
Verlauf und Instruktion	Die Jungengruppe erhält paarweise einen Quiz-Zettel (s. nächste Seite). Diese Teams sollen dann versuchen, die richtigen Antworten herauszufinden. Bei Unsicherheiten können Tipps gegeben werden. Wichtig ist der Hinweis, dass es nicht um eine Benotung geht. Die ausgefüllten Quiz sollten deshalb bei den Rate-Teams verbleiben. Der Anreiz der Konkurrenz findet auf einer eher spielerischen Ebene statt.

Körper- und Sexualaufklärung

> Die Fragen werden der Reihe nach durchgegangen (»Wer hat Antwort 1 angekreuzt?« usw.) und sollten mit Erklärungen durch die Lehrkraft ergänzt werden. Zunächst ist jedoch das Wissen der Jungen abzufragen und wertzuschätzen.

Nachbearbeitungs- und Einsatzmöglichkeiten	Methode im Rahmen eines sexualaufklärerischen Projekts bzw. des biologischen Sexualkundeunterrichts in geschlechtsgetrennten Gruppen, tendenziell eher für Jungengruppen. Für Mädchen kann parallel die Methode »Besuch beim Frauenarzt/Ärztin« durchgeführt werden. Wenn mehr Zeit zur Verfügung steht, kann das Quiz als Einstieg ins Thema dienen. Im Anschluss daran können je nach Themeninteressen kleine Referate erarbeitet werden, die dann im Klassenverband besprochen werden.
Praxistipp für Lehrer/innen	Eine eigene Vorbeschäftigung mit den Themen wird vorausgesetzt. Als Begleitmaterial bzw. zur Selbstinformation empfiehlt sich:

- BZgA: »Wie geht's, wie steht's – Wissenswertes für Jungen und Männer«, Bestellnummer 130 300 00, und »Wie geht's, wie steht's«, Begleitheft für Multiplikator/innen, mit Folien zu männlichen und weiblichen Geschlechtsorganen, Bestellnummer 130 310 00
- pro familia Landesverband NRW: »untenrum gesund! – Urogenitale Gesundheitsvorsorge für Jungen und Männer«.
- BVKJ: »Achte auf deine Nüsse«, bestellbar gegen einen Kostenbeitrag: http://www.bvkj-shop.de/infomaterial/¬flyer-achte-auf-deine-nuesse.html

Diese Methode wurde eingereicht von Martin Gnielka, pro familia Köln und Dozent des Instituts für Sexualpädagogik, und ist hier erstmalig veröffentlicht.

Der »Uro-Quiz« – Die Fragen

Was ist eine Morgenlatte?
- ein ungehobeltes Stück Holz
- steifer Penis nach dem Aufwachen
- italienischer Milchcafé am Morgen

Wie viele Schwellkörper hat der Penis?
- einen
- zwei
- drei

Was bricht bei einem Penisbruch?
- der Penisknochen
- nichts bricht, der Schwellkörper reißt ein
- der Prostataknochen

Was ist Smegma?
- ein Sportwagen aus Schweden
- holländisch: »Schmeck mal!«
- ein anderes Wort für »Eichelkäse«

Was ist eine Phimose?
- eine Vorhaut-Verengung
- eine Blume, die sexuell erregt
- eine Hodenvermessung

Wie viele Spermien sind in einem Samenerguss?
- weniger als 1.000
- ca. 100.000
- mehr als 1.000.000

Wie groß ist der Anteil an Spermien in der gesamten Samenerguss-Flüssigkeit?
- 5 - 10 %
- 40 - 50 %
- 90 - 100 %

Körper- und Sexualaufklärung

Welche Drüse hat mit dem Samenerguss <u>nichts</u> zu tun?
o Prostata (Vorsteherdrüse)
o Bläschendrüse
o Urinaldrüse
Wie lang ist der steife Penis bei
18-jährigen Männern?
o 10 - 19 cm
o 14 - 25 cm
o 21 - 30 cm
Wie heißt der Facharzt für Männer bei Problemen an Penis und Hoden?
o Archäologe
o Urologe
o Oligologe

Der »Uro-Quiz« – Die Antworten

Was ist eine Morgenlatte?
o steifer Penis nach dem Aufwachen
Eine von mehreren unwillkürlichen Erektionen in der Nacht in den Tiefschlafphasen. Vor dem Aufstehen ist häufig eine solche Phase. Auch scheint eine volle Blase Einfluss auf die Erektion am Morgen zu haben.

Wie viele Schwellkörper hat der Penis?
o drei
Zwei große Penis-Schwellkörper und der untenliegende Harn-Samen-Röhrenschwellkörper, der mit der Eichel verbunden ist.

Was bricht bei einem Penisbruch?
○ nichts bricht, der Schwellkörper reißt ein
Ein durch Prominentenberichte (Dieter Bohlen) bekanntes Phänomen, das falsche Assoziationen hervorruft. Der Bruch ist ein schmerzhafter Riss, der zu einem Bluterguss führt und medizinisch behandelt werden muss.

Was ist Smegma?
○ ein anderes Wort für »Eichelkäse«
Es handelt sich insbesondere um Talg und Hautreste. Hier ist das Thema Intim-Hygiene bzw. Phimose angesprochen. Smegma riecht nicht nur unangenehm, sondern kann auf Dauer zu Entzündungen führen und auch Entzündungen am Gebärmuttermund mitverursachen.

Was ist eine Phimose?
○ eine Vorhaut-Verengung
Die Phimose ist je Verengungsgrad, subjektiver Beeinträchtigung und Alter des Jungen behandlungsbedürftig. Die Vorhaut und das Frenulum sind jedoch auch lustempfindlich und keinesfalls nur unnütze Haut. Das Thema Beschneidung ist sorgfältig und fachkundig zu behandeln.

Wie viele Spermien sind in einem Samenerguss?
○ mehr als 1.000.000
Bei mehrtägiger Karenz sind etwa 200-400 Mio. Spermien in einem Samenerguss. Pro Tag werden ca. 100 Mio. Spermien im Hoden produziert.

Wie groß ist der Anteil an Samen bei der gesamten Samenerguss-Flüssigkeit?
○ 5 - 10 %
Ansonsten: Sekrete der Prostata und Bläschendrüsen.

Körper- und Sexualaufklärung

> Welche Drüse hat mit dem Samenerguss <u>nichts</u> zu tun?
> ○ Urinaldrüse [die gibt es gar nicht]
>
> Wie lang ist der steife Penis bei 18-jährigen Männern?
> ○ 10 - 19 cm
> Ergebnis einer Untersuchung von pro familia NRW.
>
> Wie heißt der Facharzt für Männer bei Problemen an Penis und Hoden?
> ○ Urologe

Wie sehen die Geschlechtsorgane eigentlich wirklich aus?

Zielgruppe und Zeitumfang	Ab Jahrgangsstufe 4, mind. 90 Minuten
Intention	Trotz anschaulicher Materialien haben Schüler/innen selten eine Vorstellung davon, wie die inneren und äußeren Geschlechtsorgane aussehen und wieviel Vielfalt es auch in deren Ausgestaltung gibt. Es ist gut, Jugendlichen frühzeitig zu vermitteln, dass es bei Geschlechtsorganen kein »normales Aussehen« gibt.
Ziele	Durch eigenes Modellieren erfolgt ein Kennenlernen der inneren und äußeren Geschlechtsorgane und von dessen Vielfalt. Bei Interesse und je nach Jahrgangsstufe kann auf die Vorkommnisse bei intersexuellen Menschen eingegangen werden.
Material	Ausreichend Knete in verschiedenen Farben. Hierfür eignet sich am besten Play-Doh Knete, die Zimmertemperatur haben sollte, damit sie sich gut kneten lässt. Eine feste Unterlage, z. B. Holzbrett, dicke Pappe zum Unterlegen der Modelle. Ggf. je nachdem, ob das Thema schon bearbeitet wurde, können die Kleingruppen zusätzliches Informationsmaterial erhalten oder die Möglichkeit der Recherche eingeräumt bekommen.

_____ Methodenteil

Verlauf und Instruktion	Die Klasse wird in Kleingruppen mit je 4–6 Schüler/innen eingeteilt. Jede Gruppe erhält ein Arbeitsblatt mit unterschiedlichen Arbeitsaufgaben. Ziel der Methode ist es, dass in den Kleingruppen verschiedene Modelle von Geschlechtsorganen hergestellt werden sollen. Es sollten nach der Kleingruppenphase (45 Min.) mind. ein Modell der inneren weiblichen und männlichen sowie der äußeren weiblichen und männlichen Geschlechtsorgane vorliegen. Die Gruppen sollen die Modelle kneten und den Aufbau und die Funktion anschließend den Mitschüler/innen erklären können.
Nachbearbeitungs- und Einsatzmöglichkeiten	Sie als Lehrkörper beantworten offen gebliebene Fragen. Es können verschiedene Modelle für die äußeren Geschlechtsorgane modelliert werden, um festzustellen, dass die Geschlechtsorgane unterschiedlich aussehen können. Auch Intersexualität kann biologisch beispielhaft erklärt werden.
Praxistipp für Lehrer/innen	Unterschätzen Sie nicht die Beschämung oder Peinlichkeit, die bei einigen Schüler/innen durch das Modellieren bzw. durch das Präsentieren entstehen kann. Führen Sie die Methode sensibel ein und bilden Sie immer Kleingruppen, damit die Schüler/innen sich absprechen und austauschen können.

Diese Methode wurde von Beate Martin beschrieben und in anderen Werken so oder in anderen Varianten veröffentlicht.

> # Fruchtbarkeit, ein vernachlässigtes Thema in der sexuellen Bildung: Verhütung, Schwangerschaft, Schwangerschaftsabbruch und Elternschaft

Kinder ja, aber erst später

Fruchtbarkeit ist ein Sinnaspekt der Sexualität, der mittlerweile in unserer Kultur erst im späten Jugend- und Erwachsenenalter Bedeutung erfährt. Die Konfrontation mit der eigenen Fruchtbarkeit geschieht heutzutage körperlich früher, emotional und kognitiv aber deutlich später als noch vor fünfzig Jahren. Diese Diskrepanz findet in Schule und anderorts, wo sexuelle Bildung stattfindet, wenig Beachtung. In der Schule wird biologisches Wissen vermittelt. Dazu zählen auch die Informationen über den Zyklus, die Schwangerschaft und Geburt. 62 % bis 74 % der Jugendlichen bestätigen, dass diese Themen im Unterricht behandelt wurden (Heßling/Bode 2016: 36). Die Auseinandersetzung mit den Fragen, möchte ich Kinder, wie wichtig ist mir das in meinem Leben und unter welchen Bedingungen kann ich mir das vorstellen und warum, wird hingegen größtenteils ausgespart.

Laut BZgA Studie (ebd.) wünschen sich die große Mehrheit der heutigen Jugendlichen und jungen Erwachsenen Kinder, im Durchschnitt zwei Kinder (mehr als 50 %). In den neuen Bundesländern (Frauen 24 % zu 18 %; Männer 14 % zu 11 %) und bei jungen Frauen mit Migrationshintergrund (knapp drei von 10 Befragten) dürfen es auch drei oder mehr Kinder sein. Die gewünschte Kinderanzahl wurde nur bei den jungen Erwachsenen ab 18 Jahren erfragt, weil sich bei den Befragungen herausgestellt hat, dass viele der Jüngeren schon durch die Frage nach einem (späteren) Kinderwunsch überfordert waren. Mädchen und Frauen legen sich mit ihren Wünschen eher fest als die gleichaltrigen Jungen und Männer. Je älter die Jugendlichen werden, desto eher denken sie über ein Leben mit Kindern nach. Die Anzahl derjenigen, die zum Zeitpunkt der Befragung bereits Kinder hatten oder schwanger waren, betrug vier Prozent. Drei von vier der Befragten waren sich zum damaligen Zeitpunkt sicher, dass sie Kinder haben möchten. Eine kleine Minderheit von 10 % spricht sich gegen Kinder aus (ebd.: 204–206).

> »In der Grundeinstellung gegenüber Kindern spielt die Herkunft kaum eine Rolle; Jugendliche/junge Erwachsene mit und ohne Migrationshintergrund haben weitgehend übereinstimmende Lebensbilder, was die Kinderfrage betrifft« (ebd.: 205).

Dabei scheint der Bildungshintergrund einen größeren Einfluss zu haben. Interessanterweise bekunden eher diejenigen, die über ein niedrigeres Qualifikationsniveau verfügen, dass sie keine Kinder möchten. Sie machen den größten Anteil derjenigen aus, die sich explizit gegen Kinder (13 %) ausgesprochen haben. Wenn sich diese Jugendlichen/jungen Erwachsenen aber für ein Kind entscheiden, findet die Realisierung des Kinderwunsches deutlich früher statt als in der Gruppe der Heranwachsenden mit Abitur oder Hochschulbildung. Vierzehn Prozent (18 % weiblich, 10 % männlich) der Hauptschüler/innen gaben an, derzeit schwanger zu sein oder bereits Kinder zu haben. Bei den anderen Schüler/innen waren es nur 2 %. Die Realisierung des Kinderwunsches liegt für sie in weiter Ferne. Der mit Abstand größte Anteil der Befragten (70 %) gibt an, dass der ideale Zeitpunkt für ein Kind erst nach einigen Jahren Berufserfahrung passend wäre. Zwanzig Prozent möchten ihren Kinderwunsch möglichst schnell nach Beendigung der Ausbildung bzw. des Studiums realisieren. Die Erwägung, Kinder vor oder während der Ausbildung zu bekommen, findet quasi nur noch sehr selten statt (ebd.: 204 ff.). Dennoch gibt es auch die Gruppe der Mädchen und jungen Frauen/Männer, die sich aufgrund von Perspektivlosigkeit und emotionaler Leere ein Kind wünschen. Hier kann ein bewusster oder unbewusster Kinderwunsch dazu führen, dass eine Schwangerschaft trotz Verhütung eintritt.

Gesellschaftlicher Paradigmenwechsel

Das Ergebnis der Jugendsexualitätsstudie in Bezug auf frühe Schwangerschaft und Familienplanung verdeutlicht den Paradigmenwechsel, der in unserer Gesellschaft stattgefunden hat. Diese Veränderung im Denken betrifft inzwischen auch die Heranwachsenden mit Migrationshintergrund. Dieser demografische Wandel, der vielerorts beklagt wird, hängt auch mit der Vermittlung von Werten und Normen, die in unserer Gesellschaft und in der Institution Schule in den Vordergrund gerückt werden, zusammen. Wirtschaftliche Interessen und berufliche Bildung werden eindeutig höher angesiedelt als das

Leben mit Kindern. Wer seinen Status erhalten möchte, entscheidet sich spät oder gar nicht für ein Kind.

Bei einer ungeplanten Schwangerschaft wird eher der Vernunft als den Gefühlen Raum gegeben. Auch darin spiegelt sich eine gesamtgesellschaftliche Entwicklung wieder. Die Entscheidung für ein Kind aus rein emotionalen Gründen scheint vielen Frauen/Paaren Angst zu bereiten. Das könnte damit zusammenhängen, dass Wissen und Zugänge zu den anderen Seiten der Familienplanung als die ökonomischen und Vernunft betonten verloren gegangen sind. Ohne eine frühe Schwangerschaft zu glorifizieren oder eine späte zu diskreditieren, geht es vielmehr um die Öffnung des Themas nach mehreren Seiten. Denn auch die Angst vor Ausgrenzung, Armut, Stigmatisierung und Diskriminierung beeinflusst die Familienplanung im jungen Erwachsenalter oder bei Minderjährigen. Das betrifft die Entscheidung bei ungeplanten oder geplanten Schwangerschaften.

An dieser Stelle muss sexuelle Bildung einsetzen. Dabei geht es um die Einbeziehung des Fruchtbarkeitsaspekts als einem elementaren Sinnaspekt der Sexualität und zwar für beide Geschlechter und nicht nur unter dem Fokus von Verhütung und Vermeidung. Hier ist die Schärfung eines gendersensiblen Blickes dringend von Nöten. Die Kenntnis über die inneren Geschlechtsorgane der Jungen findet in Schule und Broschüren selten Erwähnung. Im Sozialisationsprozess wird Jungen der Zugang zur eigenen Fruchtbarkeit viel seltener nahegebracht als den Mädchen. Von daher ist es nicht erstaunlich, dass Jungen und junge Männer im frühen und späten Jugendalter viel längere Zeit benötigen, um sich zum Thema Kinder zu positionieren (ebd.).

Akzeptanz vielfältiger Lebensentwürfe

Schule ist ein Ort, an dem Persönlichkeitsentwicklung stattfindet. Sie sollte die frühzeitige Begegnung mit der eigenen Fruchtbarkeit und die Auseinandersetzung damit ermöglichen. Denn nur durch eine kontinuierliche Einbeziehung des Themas in den schulischen Sexualkundeunterricht bekommen Kinder und Jugendliche Raum, sich frühzeitig und mit einem ganzheitlichen Blick mit eigenen Wünschen und Sehnsüchten zu beschäftigen. Bereits Grundschulkinder interessieren sich dafür, woher sie gekommen sind, und auch das Thema »Schwangerschaft« finden sie spannend. Bei ihnen ist der Fruchtbarkeitsaspekt noch sehr stark mit dem eigenen Identitätsaspekt verknüpft. Im Jugendalter werden diese Themen größtenteils unter biologischen Aspekten aufgegriffen. Schwangerschaft wird dann eher als etwas dargestellt, das es zu vermeiden gilt.

Berufliche Zukunft wird in unserer Gesellschaft höher angesiedelt als Elternschaft und Kinderwunsch. Im Zuge sexueller Vielfalt und der Gleichwertigkeit verschiedener Lebensformen bleibt es fraglich, inwieweit eine »frühe Elternschaft« (vor oder während der Ausbildung/Studium) als gleich- oder minderwertig angesehen wird. Sehen wir diese Lebensweisen als eine Möglichkeit oder als Katastrophe an, so wie viele Jugendliche es für sich beschreiben. Wie können Mädchen/junge Frauen/Paare, die ungeplant oder geplant schwanger geworden sind, eine Perspektive mit einem Kind entwickeln, wenn sie eine Stigmatisierung und unüberwindbare Hürden befürchten müssen. Für eine sexuelle Selbstbestimmung ist es erforderlich, dass verschiedene Lebensentwürfe gleichwertig nebeneinanderstehen können. Um Heranwachsende sexuell zu bilden, braucht es Freiräume, die auch Fantasien, Sehnsüchte und Emotionen zulassen. Jugendliche/junge Erwachsene, die sich ein Kind wünschen, vielleicht auch weil sie keine Berufsperspektive haben, sollten nicht an den Rand der Gesellschaft gedrängt werden. Starke Kinder benötigen starke Eltern, deshalb ist eine Förderung verschiedener Lebensmodelle von Nöten. Kinder können Eltern in einer schwierigen Lebenssituation eine Tagestruktur und einen Lebenssinn geben. Junge Frauen/Paare können daran wachsen, wenn ihnen Zutrauen und Unterstützung entgegengebracht wird.

Schule als Raum für Sehnsüchte, Fantasien und Visionen

Sehnsüchte benötigen einen Raum, in dem sie gedeihen können. Daraus resultiert keinesfalls ein unvernünftiges Verhalten. Aus der Arbeit mit Erwachsenen mit einer Behinderung wissen wir, dass eine ganzheitliche Auseinandersetzung mit einem Kinderwunsch, die auch Emotionen zulässt, dazu beitragen kann, Unbewusstes bewusst zu machen und somit dazu beiträgt, ungeplante Schwangerschaften zu vermeiden.

Partnerschaftliches und verantwortungsvolles Verhütungsverhalten

Heutige Jugendliche sind aufgeklärt und verantwortungsbewusst. Das wirkt sich positiv auf das Verhütungsverhalten aus. 1980 wurden erstmalig Erhebungen zur Jugendsexualität im Auftrag der BZgA durchgeführt. Seitdem ist eine stetige Verbesserung des Verhütungsverhaltens festzustellen. In keiner Generation zuvor haben Jugendliche so gut verhütet wie in der jetzigen Generation. Verhütung findet bereits beim zweiten Geschlechtsverkehr sehr regelmäßig statt.

Pille und Kondom bleiben beliebt

Die unangefochtene Nummer eins bei der Wahl der Verhütungsmittel ist das Kondom. Mit vermehrter Geschlechtsverkehr-Erfahrung in heterosexuellen Beziehungen gewinnt die Pille an Bedeutung. Im

Vergleich zu den ersten Malen (70 % Kondombenutzung) erfolgt eine Umkehrung bei zunehmenden sexuellen Kontakten (70 % Pillenbenutzung). Das gilt besonders für feste Beziehungen. Viele Jugendliche setzen bei ihren ersten Erfahrungen auf »doppelte Sicherheit« und benutzen eine Zeitlang sowohl die Pille als auch das Kondom. Das kann unter anderem damit zusammenhängen, dass Eltern als wichtige Aufklärungsquelle ihren Kindern geschlechtsspezifische Verhütungsmittel anraten. Die hormonelle Verhütung, nicht nur die Einnahme der Pille, ist bei jungen Frauen sehr stark verbreitet. Das Diaphragma, die Spirale oder chemische Verhütungsmittel werden zunehmend seltener benutzt.

Besonders bei den Jungen konnte erneut auch beim ersten Mal eine weitere Verbesserung im Verhütungsverhalten seit der letzten Jugendsexualitätsuntersuchung festgestellt werden. Es sind vor allem die Jugendlichen, die weitaus häufiger als die jungen Erwachsenen sehr genau darauf achten, »richtig« und immer zu verhüten. Auch die Kommunikation über die gemeinsame Verhütung findet in heterosexuellen Beziehungen und mit zunehmender Erfahrung verstetigt statt. Seltener wird in der Partnerschaft über sexuell übertragbare Infektionen gesprochen.

Auch wenn hier weitere Verbesserungen im Verhütungsverhalten festgestellt wurden, bleibt das »erste Mal« kritisch. Die meist genannten Gründe dafür sind, dass die Situation nicht planbar war und spontan entstanden ist (57 % Mädchen, 67 % Jungen) oder die Annahme, dass nichts passieren wird (26 % Mädchen, 29 % Jungen). Andere Gründe, die deutlich seltener genannt wurden, waren der Einfluss von Alkohol, Drogen, kein Verhütungsmittel zur Hand, keinen Mut, das Thema anzusprechen.

Anwendungsfehler bleiben der Hauptgrund für Verhütungspannen. Diese Erkenntnis muss Auswirkungen auf sexuelle Bildungsprozesse haben. pro familia Beratungsstellen haben auf der Grundlage einer Studie mit minderjährigen Schwangeren (pro familia 2006) Methoden und didaktische Konzepte entwickelt, die Jugendlichen dieses Wissen in Aufklärungseinheiten vermitteln. Umso beruhigender ist es, dass die Kenntnis über die »Pille danach« stark verbreitet ist.

Schwangerschaft im Jugendalter

Die meisten Jugendlichen und Heranwachsenden (knapp 50 %) betonen, dass eine frühe Schwangerschaft eine Katastrophe für sie bedeuten würde. Für mindestens vier von fünf der Befragten wäre eine Schwangerschaft zum aktuellen Zeitpunkt alles andere als ein erfreuliches Ereignis (Heßling/Bode 2016: 209). An dieser Stelle müsste natürlich erst einmal definiert werden, was eine »frühe Schwangerschaft« für sie bedeutet. Denn immerhin wurde die Studie erstmalig von der Gruppe der 14- bis 17-Jährigen auf die Altersgruppe der 18- bis 25-Jährigen erweitert. Im Lebenslauf gibt es selten den einen idealen Zeitpunkt für ein Kind. Eine Schwangerschaft und die Entscheidung für oder gegen ein Kind hat immer Folgen. Die Realisierung des Kinderwunsches ist häufig aus biologischen und psychischen Gründen selten und präzise planbar. Viele Paare rechnen – unabhängig von der Planung – meist nicht mit dem Ausmaß an Veränderungen, die nach der Geburt des ersten Kindes auf sie zu kommen. Paarbeziehungen gestalten sich anders, wenn aus einer Zweierbeziehung eine »Dreiecksbeziehung« wird. Die Vereinbarkeit von Familie und Beruf stellt eine große Herausforderung dar, wenn nicht beide Partner/innen bereit sind, Einbußen in Bezug auf Einkommen, Freizeit und Karriere in Kauf zu nehmen. Andererseits bringt ein neues Leben neue Impulse, eine andere Verbundenheit, Verbindlichkeit und Nähe in die Partnerschaft. All das geschieht, ohne dass sich die Einzelnen oder Paare wirklich darauf vorbereiten können. Es ist nicht vorhersehbar, wie sich das spätere Leben, egal in welchem Alter und ob dieses bewusst oder unbewusst geschieht, mit oder ohne Kind gestaltet.

Ob und wie ein Kind in den Lebensentwurf integriert werden kann, ist durch schulische Bildung unterstützungswürdig. Die Persönlichkeit einer Frau/eines Paares, die familiäre und soziale Eingebundenheit sowie die soziale und ökonomische Situation bestimmen die individuelle Ausgestaltung der Lebenswelten. Eine sehr frühe Schwangerschaft (Teenageralter) sowie eine Spätschwangerschaft sind mit Risikofaktoren verbunden, die in der Altersspanne zwischen zwanzig und fünfunddreißig in diesem Ausmaß nicht vorkommen. Im späteren Erwachsenenalter kann es vor allem aus biologischen und psychischen Gründen schwierig werden, einen Kinderwunsch zu realisieren. Im Teenageralter befinden sich Jugendliche in einer Orientierungsphase, in der viele Entwicklungsthemen und die Selbstverortung anstehen. In der Regel sind sie von ihren Eltern finanziell abhängig und nicht in der Lage, ein Kind alleine zu versorgen.

Ein bisschen schwanger gibt es nicht

Ist eine Schwangerschaft eingetreten, steht für manche Jugendliche/ junge Erwachsenen die Entscheidung sehr schnell fest. Andere suchen eine Schwangerschaftskonfliktberatungsstelle auf, weil sie unentschieden sind oder einen Schwangerschaftsabbruch vornehmen lassen möchten. Mädchen mit einem höheren Qualifizierungsniveau entscheiden sich größtenteils für eine Unterbrechung der Schwangerschaft. Diejenigen, die soziale Benachteiligung oder mangelnde Berufsaussichten befürchten oder aus ihrer Sicht keine Zukunftsperspektive haben, entscheiden sich eher für ein Kind (pro familia 2006). Das Eintreten einer ungeplanten Schwangerschaft im Jugendalter stellt eine große psychische Belastung für die jungen Frauen und Paare dar. Sie meistern diese Situation am besten und zwar unabhängig davon, ob sie sich für oder gegen das Kind entscheiden, wenn sie sich als Paar in Bezug auf die Entscheidung einig sind, die Beziehung noch eine Zeitlang oder dauerhaft bestehen bleibt und wenn die Minderjährigen familiäre und psychosoziale Unterstützung erfahren.

41 % der deutschen Mädchen (35 % der Mädchen mit Migrationshintergrund) und Jungen (31 % mit Migrationshintergrund) benennen, das sie im Unterricht über das Thema »Schwangerschaftsab-

bruch« gesprochen haben. Schlussfolgernd aus der Belastungssituation, die aufgrund eines positiven Schwangerschaftstest entstehen kann, erscheint es sinnvoll, diese Themenbereiche mehr als bislang in die Unterrichtsgestaltung aufzunehmen. Die häufig geäußerte Aussage, »du entscheidest alleine, ob und wann du schwanger wirst«, müsste an dieser Stelle kritisch in den Blick genommen werden. Eine Auflösung dieses Mythos, der Schuld und Schamgefühle auslösen kann, könnte dazu führen, dass betroffene Mädchen und Jungen sich trauen, über ihre Erlebnisse zu sprechen. Das Erzählen einer belastenden Situation hilft bei der Verarbeitung. Einerseits verhüten heutige Jugendliche so gut und sicher wie keine Generation zuvor, anderseits kann es trotzdem zu Verhütungspannen kommen.

Das Herstellen eines Kontaktes mit einer Schwangerschaftsberatungsstelle kann Schülerinnen/Schülern präventiv helfen, sich zeitnah in einer Krisensituation an eine solche zu wenden. Wenn es auch nur auf eine kleine Gruppe der heutigen Jugendlichen zutrifft, ist es für diese besonders wichtig, in einer alltäglichen Situation unterschiedliche Hilfen und Beratungsangebote kennenzulernen, damit sie sich in »Notfällen« (z. B. Pille danach, ungeplante Schwangerschaft) eine schnelle Hilfe holen können. Denn es gibt auch die Mädchen und jungen Frauen, die sich zu spät an eine Schwangerschaftskonfliktberatungsstelle wenden, und dann ist die Frist verstrichen, eine legale Unterbrechung der Schwangerschaft einleiten zu können.

Elternschaft im Jugendalter und jungen Erwachsenenalter

Sexuelle Bildungsthemen auch im schulischen Kontext klammern das Thema »Elternschaft« auch bei älteren Heranwachsenden (z. B. berufsbildende Schulen) weitestgehend aus. Da auch Erziehungskompetenzen und Pflege von Kindern in der häuslichen Sozialisation nicht mehr vermittelt werden, entstehen Kompetenzlücken, die es zu schließen gilt. Die Gestaltung von Partnerschaften mit und ohne Kind, die Vereinbarkeit von Familie und Beruf und die Abgrenzung eigener Wünsche gegenüber anderen (Kind(er) oder Partner/in), die Bedeutung von Verbindlichkeit und Verantwortungsbewusstsein sowie Gesundheitsfürsorge während der Schwangerschaft und nach der Geburt für Mutter und Kind sind Themen, die wieder vermehrt aufgegriffen werden sollten. Die Entwicklung einer Berufs- und Lebensperspektive sollte bei der Unterrichtsgestaltung Berücksichtigung finden.

Ein besonderes Augenmerk gilt auch der Gruppe der jungen Frauen, die auf Grund kultureller Sozialisationsprozesse oder ihrer aktuellen Lebenssituation eine frühe Elternschaft anstreben. Auch wenn dies aus Erwachsenensicht unverständlich erscheint, kann Elternschaft im Jugendalter auf Grund der eigenen familiären Situation normal sein. Neben den Schwierigkeiten, die es zu bewältigen gilt, kann eine frühe Elternschaft zu einer Aufwertung der eigenen Person, des Status oder zur Verselbständigung führen, gepaart mit den Wünschen, den Partner/Partnerin zu binden und eine eigene Familie zu haben.

Einbeziehung der Jungen und jungen Männer

Eine zu erwartende Vaterschaft ist auch ein schulisches Thema für Jungen. Externe Beratungsangebote sind für Jungen in der Regel nicht zugänglich, da sie nicht davon ausgehen, dass sie dort auch für ihre Probleme und Fragen Unterstützung erhalten. Theoretisch hat jeder Mann im Rahmen des Schwangerenfamilienhilfegesetzes das Recht auf Aufklärung, Verhütung sowie auf Beantwortung der eine Schwangerschaft berührenden Fragen. Dennoch fühlen sich Jungen häufig nicht angesprochen, unbeachtet und allein gelassen. Auch bei der Entscheidungsfindung beim Eintritt einer ungeplanten Schwangerschaft und der zukünftigen Lebensgestaltung finden sie seltener

Gesprächspartner/innen. Jungen/junge Männer fühlen sich auf rechtliche und finanzielle Belange reduziert und wenig angefragt, wenn es um ihre Gefühle, Vorstellungen und Wünsche in Bezug auf eine Vaterschaft geht. Sie benötigen Zeit und Unterstützung, um sich auf ihre neue Rolle einzustellen. Eine gelungene Partnerschaft trägt am besten dazu bei, dass jugendliche Mütter zufrieden sind und ihre Lebenssituation mit wenig Hilfe von außen bewältigen können. Junge Männer haben heutzutage durchaus ein Interesse daran, ihre Partnerin zu unterstützen und sich um ein Kind zu kümmern.

Methodenteil

Zykluskette

Zielgruppe und Zeitumfang	Ab Jahrgangsstufe 6, vor allem für Mädchen, ca. 45 Minuten
Intention	Der Zyklus begleitet die Mädchen von Beginn der Pubertät bis zu den Wechseljahren, also einen langen Zeitraum. Viele Mädchen erleben die Regelblutung als körperliche Einschränkung, deren Sinn sich ihnen häufig nicht erschließt. Durch lebendiges Lernen wird das Interesse geweckt und verschiedene Sinnaspekte des Zyklus können aufgezeigt werden.
Ziele	Sich selber und den eigenen Körper verstehen lernen, Informationsvermittlung
Material	Verschieden farbige Holzkugeln, ein Lederband
Verlauf und Instruktion	Die Zykluskette wird gemeinsam mit den Schüler/innen erstellt, indem die verschieden farbigen Holzperlen auf Lederband aufgezogen werden. Dieses System sorgt dafür, dass Flexibilität bei der Demonstration erhalten bleibt und der Zyklus anschaulich dargestellt werden kann. Die Schüler/innen können bei der Entstehung mit einbezogen werden und überlegen, wie ein Zyklus aufgebaut ist.

Fruchtbarkeit, ein vernachlässigtes Thema in der sexuellen Bildung

	Die Perlen bitte in folgender Reihenfolge aufziehen: 6 rot, 2 weiß, 4 orange, 2 weißliche, größere, die sich aber voneinander unterscheiden sollten und die den Eisprung symbolisieren, 1 orange, 4 gelb, 9 Holzperlen naturfarben. Bei dieser Kette wird von einem 28 Tage Zyklus ausgegangen. Selbstverständlich können auch verschiedene Ketten mit unterschiedlicher Zyklusdauer erstellt werden.
Nachbearbeitungs- und Einsatzmöglichkeiten	Besprechen Sie beim Aufbau oder im Nachhinein wie der Zyklus funktioniert. Fragen sollten zwischendurch gestattet sein. Durch das flexible System und das gemeinsame »einen Zyklus entstehen lassen« ist es leichter möglich nachzuvollziehen, dass es sich beim Zyklus um einen Kreislauf handelt, der sich allmonatlich wiederholt. Vorher kann der Aufbau der inneren Geschlechtsorgane thematisiert werden. Die Gruppenarbeit mit der Klasse dient dann dem besseren Verständnis. Im Nachklang bietet sich bei älteren Schüler/innen (ab 14 Jahre) das Thema Verhütung an. Besonders die Temperaturmethode sowie die Wirkung hormoneller Verhütungsmittel können mit Hilfe der Zykluskette gut erläutert werden. Alternative 1: Jede Schüler/in bekommt das Material und kann ihren eignen Zyklus, soweit sie damit vertraut ist, selber nachstellen. So sieht man, wie unterschiedlich und individuell die Zyklen bei den verschiedenen Mädchen funktionieren. Alternative 2: Der Zyklus kann auch anhand einer zuvor fertig gestellten Zykluskette erläutert werden. Das ist vor allem bei jüngeren Mädchen (Jahrgangsstufe 4 bis 6) und in Jungengruppen sinnvoll.
Praxistipp für Lehrer/innen	Es bietet sich an, unterschiedliche Modelle anzufertigen, um zu veranschaulichen, dass es normal ist, verschieden zu sein.

Diese Methode wurde von Dr. Angelika Dohr und Beate Martin, pro familia Münster, entwickelt und ist hier erstmalig veröffentlicht.

Methodenteil

Pille, Präser & Co

Zielgruppe und Zeitumfang	Ab Jahrgangsstufe 7, ca. 60 Minuten
Intention	Dass Wissen alleine nicht schützt, bestätigen unterschiedliche Jugendsexualitätsbefragungen. Bei der Vermittlung geht es auch um eine anschauliche Handlungsorientierung und darum, mögliche Fehlerquellen zu erarbeiten. Durch diese Methode werden die Schüler/innen motiviert, sich mit dem Thema auseinander zu setzen und Fragen zu stellen.
Ziele	Kennen lernen von verschiedenen Verhütungsmethoden, deren Anwendung sowie Vor- und Nachteile.
Material	Verhütungsmittelkoffer; falls dieser in der Schule nicht vorhanden ist, kann er für eine geringe Gebühr in einer pro familia Beratungsstelle ausgeliehen werden.
Verlauf und Instruktion	Die Schüler/innen sitzen in einem Stuhlkreis und werden gefragt, welche Verhütungsmittel sie kennen und/oder interessant finden. Diese werden dann nach Wunsch oder nach und nach vorgestellt und in die Runde gegeben. Die Schüler/innen haben die Möglichkeit, die Verhütungsmittel anzufassen, zu beschnuppern und ihre Anwendung am Modell auszuprobieren (*z. B. Überstreifen des Kondoms, Einführen eines Diaphragmas in ein Modell*). Es können Fragen gestellt und erläutert werden.
Nachbearbeitungs- und Einsatzmöglichkeiten	Die Schüler/innen können im Klassenverband bleiben oder in Kleingruppen eingeteilt werden. In Kleingruppen werden ihnen jeweils ein Verhütungsmittel und eine dazu gehörige Broschüre zugeteilt. Die Schüler/innen sollen dann das Verhütungsmittel besprechen, Vor- und Nachteile diskutieren und dieses dann jugendgerecht im Plenum vorstellen. Diese Methode eignet sich besonders für die siebte und achte Jahrgangsstufe zum Kennenlernen und für ältere Jahrgangsstufen zur Vertiefung. Auch wenn die Schüler/innen die unterschiedlichen Verhütungsmethoden bereits kennen, erleben sie die Präsentation mit Hilfe des Verhütungskoffers als Auffrischung ihres Wissens. Im Klassenverband kann über unterschiedliche Wertvorstellungen und über den geschlechtsspezifischen Umgang mit Verhütungsmitteln gesprochen werden.

Diese Methode wurde von Beate Martin beschrieben und ist erstmalig veröffentlicht in: Staeck, Lothar (Hrsg.): Fundgrube zur Sexualerziehung. Hohengehren 2012, S. 119.

Gleichberechtigt

Zielgruppe und Zeitumfang	Ab Jahrgangsstufe 8, ca. 90 Minuten
Intention	Verhütungsmethoden sind nur dann sicher, wenn sie handlungsorientiert vermittelt werden. Viele Schüler/innen haben grundsätzliches Wissen, aber in konkreten Situationen mangelt es an der Kommunikation. Mit Hilfe von Fallbeispielen können die Schüler/innen Sicherheit im Umgang in heiklen Situationen erwerben.
Ziele	Auf mögliche Konflikte/Problemlagen beim Thema Verhütung aufmerksam machen.
Material	Fallbeispiele S. 20 bis 22 pro familia Handreichung »Jetzt erst Recht«. Diese kann kostenlos erworben bzw. im Internet herunter geladen werden.
Verlauf und Instruktion	Die Schüler/innen werden in Kleingruppen aufgeteilt und erhalten jeweils ein Fallbeispiel. Diese können gleich oder verschieden sein. Die Gruppen sollen erarbeiten, inwiefern sie diese Situation nachvollziehen können und wie sie diese bewerten.
Nachbearbeitungs- und Einsatzmöglichkeiten	Anschließend werden die Situationen im Klassenverband besprochen und gemeinsam überlegt, wo Stolpersteine auftreten und warum, wie wichtig Verhütung gerade bei den ersten Malen ist und wie es gelingen kann, auch in heiklen Situationen über Verhütung zu sprechen. Alternativ kann geschaut werden, ob geschlechtsspezifische Unterschiede handlungsorientierend wirken.
Praxistipp für Lehrer/innen	Diese Beispiele können auch zur Weiterarbeit benutzt werden, um mit Schüler/innen über sexuelle Rechte und die damit verknüpfte Verantwortung zu sprechen.

Diese Methode wurde erstmalig veröffentlicht in: pro familia Bundesverband (Hrsg.): »Jetzt erst Recht«. Frankfurt am Main 2012, S. 28 ff.

Kinderwunsch/mit Kindern leben

Zielgruppe und Zeitumfang	Ab Jahrgangsstufe 4 mit unterschiedlichen Schwerpunktsetzungen, ca. 60 bis 90 Minuten
Intention	Vielfältige Gefühle wahrnehmen, sich mit eigenen Wünschen, Sehnsüchten auseinandersetzen
Ziele	Für Grundschulkinder die eigene Geburt als Teil der Identität zu begreifen
Für Schüler/innen ab Jahrgangsstufe 8 eine Auseinandersetzungen mit der Vereinbarkeit von Familie und Beruf zu führen
Material	Papierbögen, Stifte
Ggf. DVD-Material des Wuppertaler Medienprojekts
Verlauf und Instruktion	1. Grundschulkinder werden aufgefordert, ein Babyfoto mit in die Schule zu bringen. Diese werden auf ein Blatt aufgeklebt und die Schüler/innen sollen eine kleine Geschichte aus Sicht des Babys aufschreiben.
2. Die älteren Schüler/innen werden gebeten, ihre Vorstellungen, ob und wann sie Kinder haben möchten, wie ihr Lebensweg dann und bis dahin aussieht, auf einem DIN-A 4-Blatt zu skizzieren.
Nachbearbeitungs- und Einsatzmöglichkeiten	1. Anschließend werden die Geschichten im Klassenverband vorgestellt.
2. Bei den älteren Schüler/innen werden Kleingruppen gebildet, in denen sie sich ihre Lebensentwürfe vorstellen und diese realistisch prüfen. Sie können überlegen, was brauchen wir, um unsere Wünsche realisieren zu können, was können für Schwierigkeiten auftreten? Danach kann eine gemeinsame Reflexion im Klassenverband erfolgen: Wie unterscheiden sich unsere Vorstellungen/Wünsche? Gibt es geschlechtsspezifische Unterschiede oder aufgrund der sexuellen Orientierung? Welche Schwierigkeiten können auftreten und an welchen Stellen kann man Hilfe und Unterstützung bekommen?

Praxistipp für Lehrer/innen	Diese Übung dient dazu, Jugendlichen einen Raum für Wünsche und Sehnsüchte zu geben. Im Rahmen des Wuppertaler Medienprojekts gibt es Interviews mit jungen Frauen. Diese könnten Sie ergänzend im Unterricht ausschnittsweise zeigen.

Diese Methode wurde von Beate Martin entwickelt und ist hier erstmalig veröffentlicht.

Sexuell übertragbare Infektionen

Sexuell übertragbare Infektionen, kurz: STI, werden Infektionen genannt, die hauptsächlich durch sexuelle Kontakte übertragen werden (DAH 2012: 6). Diese Bezeichnung setzt sich zunehmend durch, da sexuell übertragbare Erreger nicht unbedingt zu einer Erkrankung führen. Gleichwohl sind im deutschen Sprachgebrauch auch noch die Bezeichnungen sexuell übertragbare Krankheiten oder auch Geschlechtskrankheiten verbreitet.

Historisch: Werte- und Moraldiskussion

In der Geschichte waren STI nie ausschließlich ein medizinisches Thema. Zu fast allen Zeiten war es begleitet durch eine Werte- und Moraldiskussion. Durch die Voranstellung der Frage nach der Schuld und einer doppelmoralisch unterschiedlichen Bewertung in Schuldige und Unschuldige/unschuldig Betroffene wurde eine Tabuisierung des Themas begünstigt, die teilweise bis heute nachwirkt (Corsten 2013: 506). Propagiert wurde von Moralisten und Sittenwächtern ein sündenfreies Leben als einziger Schutz vor der »Lustseuche«, wenn auch diese Empfehlung selten die Lebensrealitäten der meisten Menschen traf (Ebd.: 507).

Gegen Ende des 20. Jahrhunderts wiederholten sich mit dem Auftreten einer bisher unbekannten Immunschwächekrankheit die Schuldzuweisungen: Bevor jedoch das neue Krankheitsbild 1982 den Namen AIDS (Aqquired Immune Deficiency Syndrome) erhielt, wurde es auch als Schwulenkrebs (gay cancer) bezeichnet. Der Lebensstil der Hauptbetroffenen stand im Fokus, es war die Rede von »Gottes Strafe« und der »Schwulenseuche« (ebd.: 509). In Deutschland dachten Politiker laut über »Internierungen in Heimen« nach oder sprachen von »Entartung« (Heider 2014: 198). In der Folge kam es zu Diskriminierungen und einer weit verbreiteten, durch AIDS ausgelösten, neuen Welle der Homophobie.

Heute: Auch andere Infektionen auf dem Vormarsch

Während der Schwerpunkt der Kampagnen der Deutschen AIDS-Hilfe (DAH) wie auch der Bundeszentrale für gesundheitliche Aufklärung (BZgA) folgerichtig auf HIV/AIDS lag und noch in den 90er Jahren des vergangenen Jahrhunderts beispielsweise kaum Fälle von einer Ansteckung mit Syphilis bekannt wurden, nehmen

Ansteckungen mit Syphilis, Gonorrhö- (Tripper) und Chlamydien-Infektionen in Deutschland wie weltweit seit einiger Zeit wieder zu[1]. Häufige STI in der Gruppe der Jugendlichen sind Chlamydien-Infektionen, die hier wesentlich häufiger als bei anderen Bevölkerungsgruppen auftreten. Ähnliches gilt für die Infektion mit HPV. Sexuell aktive Jugendliche kommen mit dem Virus in Berührung. Deshalb sollte Schule auch ein Ort sein, der Jugendliche rechtzeitig, aber entsprechend ihres Alters, mit diesen Themen konfrontiert. Laut BZgA-Studie wird dieses Thema in Paarbeziehungen bislang vernachlässigt. Dabei geht es nicht nur, aber auch um die Vermittlung von Wissen. Das Sprechen über Verhütung, welches die Jugendlichen positiv bewerten, hat zunehmend an Bedeutung gewonnen. Dieses Ziel in Bezug auf sexuell übertragbare Erkrankungen zu erreichen, erscheint lohnenswert. Die Verbreitung von sexuell übertragbaren Infektionen und Erkrankungen nimmt in Deutschland zu. Am häufigsten betroffen sind diejenigen, die ein promiskes Sexualverhalten haben. Da das Jugendalter auch als Such- und Ausprobierphase verstanden werden kann, ist ein Teil der Jugendlichen einem erhöhten Risiko ausgesetzt, sich mit einer sexuell übertragbaren Infektion anzustecken. Dabei spielen HIV-Infektionen eine geringfügige Rolle. Um sich effektiv zu schützen, ist es notwendig, sich mit dem Thema auf verschiedenen Ebenen auseinanderzusetzen. Was ist an diesem Thema so brisant? Warum kann es peinlich sein, über sexuell übertragbare Infektionen zu sprechen? Was kann ich tun, wenn ich das Gefühl habe, ich bin in einer Risikosituation gewesen oder irgendetwas ist nicht in Ordnung? Zudem ist es wichtig, in diesem Zusammenhang sowohl hygienische Maßnahmen als auch die Notwendigkeit von Vorsorgeuntersuchungen zu erörtern. Viele Jugendliche und Erwachsene wenden sich häufig zu spät an einen Arzt/eine Ärztin, wenn sie Symptome einer Infektion aufweisen. Die Hinderungsgründe sind

---

1 http://www.rki.de/DE/Content/Infekt/Infektionsdaten_Themen.html (gesehen am 14.10.2015).

meistens Schuld-und Schamgefühle. Der Mythos, dass eine sexuell übertragbare Infektion etwas mit mangelnder Hygiene, Unsauberkeit oder riskantem Sexualverhalten (und somit selbstverschuldet) zu tun haben könnte, besteht nach wie vor. Dieser und handlungsorientierende Aspekte können im Schulunterricht präventiv thematisiert werden, verbunden mit dem Wissen, wo, wann und wie sich jemand infizieren kann und was zeitnah zu tun ist. Wenn es zu einer Infektion gekommen ist und eine frühzeitige Behandlung erfolgt, klingen die Symptome bei vielen Patient/innen sehr schnell ab, ohne dass Folgeschäden oder lange Krankheitsverläufe entstehen. Das gleiche gilt für Pilzinfektionen. Auch besteht das Risiko, die Infektion an die Sexualpartnerin/den Sexualpartner weiterzugegeben. Bei einer abklingenden Infektion kann es somit erneut zu einer Ansteckung kommen bzw. kann sich die eigene Viruslast stetig erhöhen. Auch bei einer HIV-Infektion ist es inzwischen möglich, bei frühzeitiger Behandlung sich selber und andere besser zu schützen. Gleichfalls ist eine Ansteckung mit HP-Viren im Jugendalter keine Seltenheit.[2] Auch dieses Thema sollte im Unterricht nicht ausgespart werden. So hat sich quasi die oben beschriebene historische Entwicklung in Bezug auf eine HI-Infektion bzw. AIDS fast ins Gegenteil verkehrt. Neuartige Kombinationstherapien, die zeitweise die Virenlast unter die Nachweisgrenze senken können, lassen bei einigen Jugendlichen den falschen Eindruck entstehen, dass AIDS heilbar sei. Aufklärung, ohne die problematischen Seiten des Sexuellen überzubetonen, tut an dieser Stelle not. Nachfolgend finden Sie eine kurze Übersicht über die wichtigsten STI. Dabei werden unterschiedliche Quellen zur eigenen Vorbereitung benannt. So können Sie als Lehrkraft einen Eindruck über die Vielfalt der zur Verfügung stehenden Materialien erhalten.

---

2 https://www.gib-aids-keine-chance.de/wissen/sti/verbreitung_von_sti.php (gesehen am 14.10.2015).

Erreger: Von Viren und Bakterien

Die meisten und häufigsten STI werden entweder durch Bakterien oder durch Viren übertragen. Durch Bakterien werden STI wie Chlamydien, Gonorrhö (Tripper) oder Syphilis (Lues) verursacht.

Chlamydien: Registriert wurde eine deutliche Zunahme von Chlamydien-Infektionen bei sexuell aktiven jungen Menschen. Die Schätzungen bzw. Hochrechnungen liegen zwischen 2 und 10 Prozent. Exakte Zahlen gibt es nicht, weil die Infektion nicht meldepflichtig ist. Seit 2007 gibt es den kostenlos angebotenen Test für junge Mädchen und Frauen auf Chlamydien, der jährlich durchgeführt werden kann. Es gibt verschiedene Typen, die unter anderem das Trachom (eine Augenkrankheit) verursachen und zur Erblindung führen können. Die Symptome einer Chlamydien-Infektion sind denen bei einer Gonorrhö ähnlich, aber oft weniger ausgeprägt und manchmal kaum bemerkbar. Die Entzündungen bei Mädchen und Frauen an Harnröhre und Muttermund werden häufig nicht beachtet, sodass es leicht zu einer aufsteigenden Entzündung kommen kann. Unfruchtbarkeit ist die mögliche Folge, wenn die Eileiter vereitern und undurchlässig werden. Bei Jungen kann es zu Nebenhodenentzündungen kommen, die ebenfalls zu Unfruchtbarkeit führen (BZgA 2010: 16). Die Behandlung erfolgt mit Antibiotika.

Gonorrhö: Weltweit ca. 60 Millionen Neuerkrankungen jährlich. Die Ansteckung erfolgt über infizierte Schleimhäute in Genitalien, Darm, Rachen und Augenbindehaut. Als Symptome können eitriger Ausfluss aus der Vagina der Frau resp. der Harnröhre des Mannes beobachtet werden. Nach zwei bis sieben Tagen kommt es zu Harnröhren- und Scheidenentzündung. Bleibt diese unbehandelt, kann es zu weiteren teilweise auch lebensbedrohlichen Entzündungen kommen. Behandelt wird mit Antibiotika. Wichtig ist auch die Partner/innenbehandlung (Ping-Pong-Effekt) (Henning 2012: 223).

Syphilis: Die Syphilis verläuft unbehandelt in der Regel in drei Stadien und löst je nach Stadium unterschiedliche Beschwerden aus. Manchmal bleiben die Beschwerden auch ganz aus oder werden nicht wahrgenommen. Zwischen den Stadien liegen beschwerdefreie Phasen, die mehrere Jahre andauern können[3].

Stadium I: Am Übertragungsort, meistens Penis, Hodensack, Venuslippen/Labien oder Scheide, Darmausgang oder Mund entwickelt sich etwa drei Wochen nach der Ansteckung ein Knoten oder ein schmerzloses Geschwür. Nach einigen Wochen verschwindet es wieder von selbst. Das bedeutet jedoch keine Heilung!

Stadium II: Etwa acht Wochen bis zwei Jahre nach der Ansteckung treten Fieber, Schwellungen der Lymphknoten und Hautausschläge auf, die nicht jucken.

Stadium III: Mehrere Jahre nach der Ansteckung können bei einer nicht behandelten Infektion die inneren Organe und das Nervensystem von den Bakterien schwer geschädigt werden. Die Syphilis wird übertragen, wenn verletzte Haut oder Schleimhaut mit den Bakterien in Kontakt kommt. Das geschieht zum Beispiel über die Geschwüre und Knoten. Am häufigsten passiert das bei ungeschütztem Vaginal-, Oral- und Analsex. Kondome vermindern das Risiko einer Ansteckung[4]. Therapiert wird mit Antibiotika.

Durch Viren verursachte sexuell übertragbare Infektionen sind u. a. HIV und HPV.

HIV/AIDS: HIV ist eine Abkürzung und bedeutet »Humanes Immundefizienz-Virus«. Das bedeutet übersetzt: menschliches Abwehrschwäche-Virus. HIV schädigt die körpereigenen Abwehrkräfte, die auch Immunsystem genannt werden. So kann der Körper eindringende Krankheitserreger wie Bakterien, Pilze oder Viren nicht mehr bekämpfen. Im schlimmsten Fall treten dann bestimmte lebensbedroh-

---

3 http://www.machsmit.de/sexuell_uebertragbare_infektionen/sti_uebersicht/syphillis/index.php (gesehen am 15.10.2015).
4 https://www.loveline.de/lexikon/uebersicht-a-z/buchstabe/s/beitrag/syphilis.html (gesehen am 15.10.2015).

liche Erkrankungen auf, zum Beispiel schwere Lungenentzündungen. Dann spricht man von Aids. Auch das ist eine Abkürzung, es bedeutet »Acquired Immune Deficiency Syndrome« (Erworbenes Abwehrschwäche-Syndrom). Gegen HIV gibt es heute sehr wirkungsvolle Medikamente. Sie verhindern die Vermehrung des Virus im Blut, können es aber nicht wieder aus dem Körper entfernen. Dank dieser Medikamente können die meisten HIV-infizierten Menschen heute lange Zeit mit dem Virus leben, ohne an Aids zu erkranken[5]. Beim Geschlechtsverkehr bieten Kondome Schutz.

HPV: HPV-Infektionen werden durch Humane Papillomaviren verursacht. Die Viren werden umgangssprachlich auch als »Warzenviren« bezeichnet. Es gibt mehr als 200 HPV-Subtypen, die in Hochrisiko-Viren und Niedrigrisiko-Viren unterteilt werden. Feigwarzen werden durch Niedrigrisiko-Viren, hauptsächlich HPV 6 und 11, verursacht. Hochrisiko-Viren, unter anderem HPV 16 und 18, können zu Gebärmutterhalskrebs und Analkarzinomen führen.

HPV-Infektionen gehören zu den weltweit häufigsten sexuell übertragbaren Infektionen (STI). Von der Gruppe der Erwachsenen weiß man, dass 60–80 % im Laufe ihres sexuell aktiven Lebens bereits eine oder mehrere HPV-Infektionen durchgemacht haben. Jährlich werden in Deutschland pro 100.000 Einwohner 170 Fälle von Feigwarzen festgestellt. Schätzungsweise sind somit bei 1 % der sexuell aktiven Menschen in der Altersgruppe zwischen 15 und 45 Jahren Feigwarzen nachweisbar[6]. Schutz bieten Kondome wie auch eine Impfung, siehe hierzu auch: Pädagogische Herausforderungen.

---

5 http://www.aidshilfe.de/de/sich-schuetzen/hiv/aids (gesehen am 15.10.2015).
6 https://www.gib-aids-keine-chance.de/wissen/sti/hpv.php (gesehen am 15.10. 2015).

STI und pädagogische Herausforderungen in der Schule

Unter sexualpädagogischen Gesichtspunkten ist die Vermittlung von Informationen zu sexuell übertragbaren Infektionen nicht unproblematisch. Auf der einen Seite handelt es sich um ein »klassisches« Themenfeld der Körper- und Sexualaufklärung und die Vermittlung von biologischem Wissen. Da Aufklärung durch Erwachsene (Eltern und Lehrkräfte) häufig die problematische, vermeidende Seite des Sexuellen thematisiert, bleibt die Vermittlung ein schwieriger Balanceakt. Auf der anderen Seite ist es notwendig, auch über Risikobehaftetes sowie Gefahren zu sprechen. Allerdings greift gute Prävention am ehesten, wenn auch Platz für die Freude und Lebenslust spendenden Aspekte des Sexuellen bleibt. In der Regel steht das Thema für Klassen ab Jahrgang 8 auf dem Unterrichtsplan. Zu diesem Zeitpunkt haben die wenigsten Jugendlichen derartige sexuelle Handlungen mit anderen aufgenommen, bei denen es zu einer Infektion kommen könnte. Dennoch ist es bedeutsam, die Kenntnisse zu STIs vor dem »ersten Mal« zu erhalten. Schüler/innen für dieses Thema so zu gewinnen, dass sie interessiert und nicht abgeschreckt sind, stellt eine große Herausforderung in diesem Themenfeld dar.

Da sich der Wissensstand durch zahlreiche neue Ergebnisse aus Wissenschaft und Forschung beständig erweitert resp. verändert, müssen diese Herausforderungen sexualpädagogisch regelmäßig reflektiert werden. Dies wurde beispielsweise deutlich nach der Einführung des ersten Impfstoffes gegen Humane-Papillomviren (HPV) 2006 (Genotypen 16/18). Diese beiden Hochrisikotypen werden für ca. 70 % aller Gebärmutterhalskrebserkrankungen verantwortlich gemacht. Seit April 2016 ist ein neunfach wirksamer HPV-Impfstoff in Deutschland zugelassen (Gardasil 9). Der Impfstoff beugt einer Infektion mit HPV 16 und 18 vor und schützt vor sieben weiteren HPV-Typen: 6 und 11 (Genitalwarzen) sowie außerdem vor den fünf weiteren Virus-Typen HPV 31, 33, 45, 52 und 58, die mit den Krebsvorstufen vor allem an der Zervix, aber auch bei Vagina, Vulva, Anus und im oropharyngealen (Rachen) Raum verbunden sind (Langanke 2016: 1). Eine HPV-Infektion ist eine der häufigsten durch Geschlechtsverkehr übertragene Infektion. Eine Ansteckung bleibt oft unbemerkt und im Jugendalter ohne Folgen. Eine Impfung ist besonders vor dem ersten Geschlechtsverkehr sinnvoll. Das würde aber zur Folge haben, dass sich Schüler/innen bereits vor der achten Klasse mit diesem Thema beschäftigen müssten. Mittlerweile empfiehlt die Ständige Impfkommission (STKO) die Impfung ab dem 9. Lebensjahr, was von den gesetzlichen Krankenkassen auch so getragen wird. Das bedeutet, das Thema müsste in einem Kindesalter vermittelt werden, was aus unterschiedlichen Gründen nicht empfehlenswert ist. Allerdings deuten Studienergebnisse daraufhin, dass Kenntnisse über STI wie HPV in der Schule nur selten erworben werden (Heßling/Bode 2015: 70).

Daraus resultieren Fragen für den schulischen Aufklärungsunterricht: Wie kann ich das notwendige Wissen vermitteln, ohne diese junge Zielgruppe mit medizinischen Termini und ihrem Alter nicht entsprechendem Wissen zu überfordern? Wie kann Prävention in diesem Themenfeld gut gelingen? Unabhängig davon, ob Sie sich als Lehrkraft dem Thema widmen oder externe Fachkräfte hinzuziehen, ist die Einbindung der Elternschaft an dieser Stelle sinnvoll. Bei Impfungen handelt es sich um einen medizinischen Eingriff. Eine Entscheidung dafür oder dagegen kann nur mit und von den Eltern getroffen werden. Zudem ranken sich um das Thema Impfung nach wie vor Mythen, die Lehrkräfte einerseits mit vereinfachenden Vergleichen mit nebenwirkungsarmen, jahrzehntelang erprobten Kinderimpfungen und andererseits mit einem ausgeprägten Impfskeptizismus konfrontieren können. Empfehlungen sollten von Seiten der Lehrenden nicht ausgesprochen werden.

Gesundheit ist etwas Positives

Ziel sollte sein, sexuelle Gesundheit als etwas Positives zu vermitteln. Bestenfalls können Schüler/innen im Anschluss an diese Unterrichtsinhalte Eigenverantwortung wahrnehmen und sicherer einschätzen, inwieweit sie sich Risiken aussetzen. Das wäre eine gute Voraussetzung, um in die Verantwortung für die eigene sexuelle Gesundheit jenseits von Unsicherheiten und Ängsten hineinzuwachsen. Auch bei heiklen Themen ist es empfehlenswert, Stigmatisierungen zu identifizieren, Vorurteile zu benennen sowie sich gegen deren Verbreitung auszusprechen. Laut Studie der BZgA wünschen sich über 38 % der Mädchen und 30 % der Jungen mehr Informationen zu STI, welches damit das führende Thema der Jugendlichen ist, wo sie Informationsdefizite ausmachen (Ebd.).

Methodenteil

STI: Nobody is Sexually Transmitted Infected

Zielgruppe und Zeitumfang	Ab Jahrgangsstufe 8, ca. 45 Minuten
Intention	Die Idee ist, ein medizinisch anmutendes und von der Lebenswelt junger Menschen eher fernes Thema so aufzubereiten, dass durch die spielerische Auseinandersetzung in Anlehnung an das bekannte Quiz-Spiel »Nobody is perfect« Informationen vermittelt werden.
Ziele	Vermittlung von Wissen
Material	Begriffskärtchen mit Bezeichnungen sexuell übertragbarer Infektionen

Verlauf und Instruktion	Das Spiel wird als Publikumsshow organisiert. Drei Kandidat/innen werden auf die Bühne (vorne im Raum) gebeten. Die Lehrkraft wird mit der Moderation betraut und verfügt über eine/n Assistent/in. Die restlichen Schüler/innen stellen das Publikum dar, welches zusammen gegen die Kandidat/innen antritt. Aus einem Stapel Begriffskärtchen mit den Bezeichnungen sexuell übertragbarer Infektionen wird von einer Person aus dem Publikum eine Karte gezogen und laut vorgelesen. Die Kandidat/innen erhalten die kopierten Kärtchen und sollen nun einzeln eine möglichst plausible Erklärung des Begriffs finden. Diese muss gut leserlich auf den Kärtchen notiert werden. Eines der Kärtchen ist bereits mit der richtigen Antwort bedruckt – diese soll dann nur abgeschrieben werden. Rechts oben wird das Kärtchen durch eine Nummer gekennzeichnet. Die Kärtchen werden dann von der Moderation gemischt und dann einzeln laut vorgelesen. Ein/e Assistent/in notiert auf der Tafel die auf den Kärtchen angegebenen Nummern. Das Publikum wählt nun durch Handzeichen in zwei Durchgängen die plausibelste Erklärung. Für die meisten Stimmen erhält der/die Kandidat/in zwei Punkte. Für das Publikum gibt es zwei Punkte, wenn die richtige Antwort erraten/gewusst wurde. Dies gilt auch für den Fall, dass eine/r der Kandidat/innen die richtige Antwort notiert hat und somit mehrere richtige Antworten zur Auswahl stehen.
Nachbearbeitungs- und Einsatzmöglichkeiten	Schöne Siegerehrung/Preise, z. B. Kondome, Klärung offener Fragen, Verteilen jugendgerechter Informationsbroschüren z. B. der Bundeszentrale für gesundheitliche Aufklärung.
Praxistipp für Lehrer/innen	Bleiben Sie in der Moderationsrolle und ergänzen Sie das Wissen nach der Siegerehrung (Ende des Spiels) anhand der Materialausgabe.

Diese Methode wurde u. a. bereits beschrieben in: Österreichische Gesellschaft für Familienplanung (Hrsg.): Methodenhandbuch zur sexuellen und reproduktiven Gesundheit. Wien 2003, S. 45.

STIs – sinnlich präsentiert

Zielgruppe und Zeitumfang	Ab Jahrgangsstufe 9/10/Gruppe von 9 bis 18 Personen. Insgesamt 75 Minuten, davon 45 Minuten Vorbereitungszeit + 3 mal 10 Minuten Präsentation.
Intention	Kreative Methode zur selbstgesteuerten Wissensvermittlung
Ziele	Lern- und Erkenntniszuwachs aller Schüler/innen. Lustvoll sinnliche Auseinandersetzung mit einem eher trockenen, problematischen Thema.
Material	Informationsmaterial (z. B. BZgA-Flyer), Fachbücher + Internet zur Recherche zum Thema ›Sexuell übertragbare Infektionen‹. 1 Raum mit kleiner Bühne oder Präsentationsfläche, abhängig von der Gruppengröße. Zusätzlich 2 Kleingruppenräume für die ungestörte Gruppenarbeit.
Verlauf und Instruktion	Einteilung der 3 Themen in 3 Kleingruppen Virale Infektionen Bakterielle Infektionen Pilze, tierische Parasiten, Protozoen Die Gruppen bekommen den Auftrag, zu den unterschiedlichen Themen zu recherchieren und dann zu überlegen, wie sie die gewonnenen Erkenntnisse den anderen Gruppen kreativ vorführen können. Z. B. als Rollenspiel, Theaterstück, musikalische Darstellung etc. Danach Vorführung und Wertschätzung der unterschiedlichen Aufführungen.
Nachbearbeitungs- und Einsatzmöglichkeiten	Es ergeben sich automatisch Varianten durch die Unterschiedlichkeit der Gruppenzusammensetzungen.
Praxistipp für Lehrer/innen	Die Schüler/innen sollten ermuntert werden, mit Spaß, Lust und Kreativität das Thema zu bearbeiten. Sie fungieren als Anleiter/in, Wissensvermittler/in (bei Nachfragen) und Moderator/in bei der Präsentation.

Diese Idee ist eine kreative Weiterentwicklung schon bekannter und bewährter Methoden und wurde eingereicht für diesen Band von Sven Neumann, Institut für Sexualpädagogik.

Methodenteil

Nasenbärchen

Zielgruppe und Zeitumfang	Ab Jahrgangsstufe 7, ca. 20–40 Minuten
Intention	Informationen über HIV und Sicherheit vermitteln
Ziele	Ansteckungswege und Nichtrisiken kennen, Sprechen über Sexualität, sexuelle Orientierungen und Übertragungswege, Abbau von Ängsten gegenüber HIV-Infizierten
Material	Piktogramme Nasenbärchen, kostenlos zu bestellen bei der Bundeszentrale für gesundheitliche Aufklärung: http://www.bzga.de/infomaterialien/hiv-sti-praevention/?¬ ab=20 sowie je eine große grüne (kein Ansteckungsrisiko), gelbe (geringes Ansteckungsrisiko) und rote (großes Ansteckungsrisiko) Karte und eine zusätzliche Karte mit einem »Blitz«.
Verlauf und Instruktion	Die Schüler/innen erhalten je verdeckt eine oder mehrere Piktogramme, bis alle verteilt sind. Je eine große rote, gelbe und grüne Karte werden wie bei der Farbfolge einer Ampel auf den Boden gelegt. Nun sollen die Schüler/innen ihr Piktogramm zeigen, die zu sehende Situation beschreiben und sie dann einer der Gefahrenstufen zuordnen. Dabei können sie von anderen unterstützt werden. Die Lehrkraft sollte behutsam solange nachfragen, bis die Situation exakt geklärt ist. Wenn die Zuordnung zu einer Gefahrenkategorie in der Klasse strittig ist, so wird neben das Piktogramm eine Blitzkarte gelegt. Sind alle Piktogramme beschrieben und zugeordnet, gibt die Lehrkraft grundsätzliche Informationen zum Ansteckungsrisiko und den gefährdenden Körperflüssigkeiten.
Nachbearbeitungs- und Einsatzmöglichkeiten	Reflexion: Wobei müsst ihr euch in Freundschaften und Partnerschaften aufeinander verlassen können? Wann müsst ihr selber Verantwortung übernehmen? Wie wäre es, wenn jemand aus unserer Klasse HIV-infiziert wäre? Worauf müsste man besonders achten? (noch mehr Anregungen finden Sie in der u.g. Quelle).

Sexuell übertragbare Infektionen

Praxistipp für Lehrer/innen	Wenn es Schüler/innen schwer fällt, über sexuelle Situationen zu sprechen, erwähnen Sie, dass es vielen Menschen so geht, da in unserer Gesellschaft kaum darüber gesprochen wird. Betonen Sie, wie wichtig es aber für die Partnerschaft und den Schutz vor einer HIV-Infektion ist. Helfen Sie bei Formulierungen und Vokabular und bitten Sie die anderen Schüler/innen um Unterstützung. Bitte beachten Sie, dass manche Bilder auf den ersten Blick nicht eindeutig erkennbar sind.

Diese Methode wurde bereits beschrieben in: Bundeszentrale für gesundheitliche Aufklärung (Hrsg.): Handlungsorientierte Methoden für die AIDS- und Sexualaufklärung mit geschlossenen Gruppen. Köln 2010, S. 22/23.

Sicherheit durch Wissen – HIV & sexuell übertragbare Infektionen

Zielgruppe und Zeitumfang	Ab Jahrgangsstufe 8, ca. 45 Minuten
Intention	Schüler/innen lieben Herausforderungen und haben Spaß, in einem Quiz ihr Wissen zu testen. Raten und Wissen zu kombinieren, weckt die Neugier auf ein Thema. Die Schüler/innen können auf spielerische Art und Weise ihr Wissen testen.
Ziele	Spielerische Wissensvermittlung eines schwierigen Themas.
Material	Quiz (siehe folgende Seiten) in ausreichender Anzahl plus Lösungen
Verlauf und Instruktion	Jede/r Schüler/in erhält ein Quiz mit der Aufgabe, die richtigen Antworten anzukreuzen. Nach 15 Minuten wird das Lösungsblatt an die Einzelnen verteilt. Die Schüler/innen können dann selbst kontrollieren, was sie richtig oder falsch angekreuzt haben. Im Anschluss daran können die Ergebnisse gemeinsam besprochen werden und weitere Erläuterungen gegeben werden.

Nachbearbei-tungs- und Einsatzmöglich-keiten	Das Quiz kann auch in Kleingruppen oder im Paar ausgefüllt werden. Es können Punkte verteilt werden und durch zusätzliche Erklärungen, zum Beispiel zu Infektionswegen mit dem HI-Virus, können Zusatzpunkte für die Gruppen vergeben werden.
Praxistipp für Lehrer/innen	Es kann sinnvoll sein, das Quiz in Kleingruppen ausfüllen zu lassen. Dann könnte man die Antworten gemeinsam im Klassenverband besprechen und zusätzliche Informationen eingeben. Wenn die Schüler/innen das Quiz einzeln ausfüllen, ist es sinnvoll, ihnen, wie oben beschrieben, die Lösungsblätter auszuteilen und sie selber die Richtigkeit prüfen zu lassen. Dadurch können die Einzelnen etwas lernen, ohne dass sie Angst haben müssen, sich vor den anderen zu blamieren, weil sie zu wenig gewusst haben.

Diese Methode wurde einreicht von Beate Martin und Isabell Wiefhoff, pro familia Münster, und ist hier erstmalig veröffentlicht.

Sicherheit durch Wissen − HIV & sexuell übertragbare Infektionen (Mehrfachnennungen sind möglich)

1. Die Zahl der sexuell übertragbaren Infektionen in Deutschland ist ...
A in den letzten 15 Jahren deutlich gesunken
B in den letzten 10 Jahren deutlich gestiegen
C gleichgeblieben

2. Gegen welche Infektion kann eine Impfung schützen?
A HIV-Infektion
B Pilzinfektion
C Hepatitis B

Sexuell übertragbare Infektionen

3. Bei einer Infektion mit Chlamydien haben 70–80 % aller infizierten Personen zunächst ...
A keine Symptome
B eine starke Gewichtsabnahme
C sichtbaren Ausschlag im Genitalbereich

4. In Deutschland leben rund 83.400 Menschen mit HIV oder AIDS. Wie viele Menschen wissen schätzungsweise nichts von ihrer Infektion?
A 5.500
B 13.200
C 24.600

5. Welcher Austausch von Körperflüssigkeiten kann zu einer Ansteckung mit den HI-Viren führen?
A Sperma
B Speichel wie beispielsweise beim Küssen
C Blut

6. Ab wann kann nach einer Risikosituation frühestens einen HIV Antikörpertest zuverlässig durchgeführt werden?
A nach 3 Tagen
B nach 6 Wochen
C nach 12 Wochen

7. Bei welcher Institution kann ein kostenloser, anonymer HIV-Test durchgeführt werden?
A Apotheke
B Gesundheitsamt
C Beratungsstellen

8. Wie heißt das Medikament, welches präventiv vor einer Ansteckung mit HIV schützen kann?
A PrEP
B RePP
C PPeR

9. 2015 wurde eine Studie von »Ipergay & PROUD« veröffentlicht. Diese veranschaulichte die Senkung des HIV-Übertragungsrisikos durch Einnahme des PrEP Medikaments bei schwulen Männern. Die prozentuale Senkung der Übertragung lag bei ...
A 36 %
B 54 %
C 86 %

10. Was könnte kein Anzeichen für eine Ansteckung mit einer sexuell übertragbaren Infektion sein?
A Jucken und Brennen
B Appetitlosigkeit und Übelkeit
C depressive Verstimmung

11. Welche Symptome können bei einer HPV-Infektion auftreten?
A Feigwarzen
B Gebärmutterhalskrebs
C keine

12. Was schützt am zuverlässigsten vor Gebärmutterhalskrebs?
A regelmäßige Vorsorgeuntersuchungen ab dem 20. Lebensjahr
B Impfung
C gute Hygiene

13. Welche Folgen kann eine unbehandelte Infektion mit Chlamydien haben?
A Depression
B Unfruchtbarkeit
C Gewichtszunahme

14. Welche sexuell übertragbare Infektion tritt in Deutschland am häufigsten auf, so dass es zu rund 100.000 Neuinfektionen im Jahr kommt?
A Herpes
B Syphilis
C Chlamydien

15. Gonorrhoe ist umgangssprachlich auch als ... bekannt
A Tripper
B Genitalherpes
C Feigwarzen

16. Die Zahlen der Syphilis-Erkrankungen sind vor allem in den Großstädten in den letzten Jahren gestiegen. Im Jahr 2011 lag der höchste Bundesdurchschnitt für die meisten Neuerkrankungen in ...
A Köln
B Frankfurt
C Hamburg

Sicherheit durch Wissen – HIV & sexuell übertragbare Infektionen (Lösungen)

1. Die Zahl der sexuell übertragbaren Infektionen in Deutschland ist ...
A in den letzten 15 Jahren deutlich gesunken
B in den letzten 10 Jahren deutlich gestiegen
C gleich geblieben

2. Gegen welche Infektion kann eine Impfung schützen?
A HIV- Infektion
B Pilzinfektion
C Hepatitis B

3. Bei einer Infektion mit Chlamydien haben 70–80 % aller infizierten Personen zunächst ...
A keine Symptome
B eine starke Gewichtsabnahme
C sichtbaren Ausschlag im Genitalbereich

4. In Deutschland leben rund 83.400 Menschen mit HIV oder AIDS. Wie viele Menschen wissen schätzungsweise nichts von ihrer Infektion?
A 5.500
B 13.200
C 24.600

5. Welcher Austausch von Körperflüssigkeiten kann zu einer Ansteckung mit den HI-Viren führen?
A Sperma
B Speichel wie beispielsweise beim Küssen
C Blut

6. Ab wann kann nach einer Risikosituation frühestens einen HIV- Antikörpertest zuverlässig durchgeführt werden?
A nach 3 Tagen
B nach 6 Wochen
C nach 12 Wochen

7. Bei welcher Institution kann ein kostenloser, anonymer HIV-Test durchgeführt werden?
A Apotheke
B Gesundheitsamt
C Beratungsstellen

8. Wie heißt das Medikament, welches präventiv vor einer Ansteckung mit HIV schützen kann?
A PrEP
B RePP
C PPeR

9. 2015 wurde eine Studie von »Ipergay & PROUD« veröffentlicht. Diese veranschaulichte die Senkung des HIV-Übertragungsrisikos durch Einnahme des PrEP Medikaments bei schwulen Männern. Die prozentuale Senkung der Übertragung lag bei ...
A 36 %
B 54 %
C 86 %

10. Was könnte kein Anzeichen für eine Ansteckung mit einer sexuell übertragbaren Infektion sein?
A Jucken und Brennen
B Appetitlosigkeit und Übelkeit
C depressive Verstimmung

11. Welche Symptome können bei einer HPV-Infektion auftreten?
A Feigwarzen
B Gebärmutterhalskrebs
C keine

12. Was schützt am zuverlässigsten vor Gebärmutterhalskrebs?
A regelmäßige Vorsorgeuntersuchungen ab dem 20. Lebensjahr
B Impfung
C gute Hygiene

13. Welche Folgen kann eine unbehandelte Infektion mit Chlamydien haben?
A Depression
B Unfruchtbarkeit
C Gewichtszunahme

14. Welche sexuell übertragbare Infektion tritt in Deutschland am häufigsten auf, so dass es zu rund 100.000 Neuinfektionen im Jahr kommt?
A Herpes
B Syphilis
C Chlamydien

15. Gonorrhoe ist umgangssprachlich auch als ... bekannt
A Tripper
B Genitalherpes
C Feigwarzen

16. Die Zahlen der Syphilis-Erkrankungen sind vor allem in den Großstädten in den letzten Jahren gestiegen. Im Jahr 2011 lag der höchste Bundesdurchschnitt für die meisten Neuerkrankungen in ...
A Köln
B Frankfurt
C Hamburg

Wer bekommt die Tablette? (»Pillenspiel«)

Zielgruppe und Zeitumfang	Ab Jahrgangsstufe 9, ca. 30 Minuten
Intention	In einer ethisch schwierigen Situation eine Entscheidung fällen.
Ziele	Reflexion eigener Vorurteile, Auseinandersetzung mit der Situation von HIV-Positiven und Förderung der Solidarität. Einfühlen in eine schwierige Lebenslage.
Material	Klebepunkte oder Dragees, laminierte Karten/Kärtchen mit Personen und Eigenschaften (s. Tabelle nächste Seite).
Verlauf und Instruktion	Die Aufgabe ist, in drei Durchgängen jeweils zu entscheiden, wer von den 6 an Aids erkrankten Menschen die einzig verfügbare heilende »Wunderpille« bekommen soll. Pro Durchgang gibt es zu den 6 erkrankten Personen jeweils eine Information und je eine neue Chance, die Tablette (Klebepunkt/Dragees) auszugeben.
Nachbearbeitungs- und Einsatzmöglichkeiten	Auswertung: Wem habt ihr zu Beginn die »Wunderpille« gegeben? Warum gerade dieser Person? Wie habt ihr euch gefühlt, als ihr die Entscheidung treffen musstet? Hat sich eure Wahl in der zweiten Runde verändert. Wenn ja, warum? Was hat euch geholfen, eine Entscheidung zu treffen? Was war schwierig? Kennt ihr Menschen, die sich in einer ähnlichen Situation befinden wie eine der beschriebenen Personen?

Praxistipp für Lehrer/innen	Das Spiel kann aufgrund der stark vereinfachten Personenbeschreibungen, die ethisch an der Grenze des Zumutbaren liegen, einen hohen, im Zweifelsfall nur noch schlecht zu steuernden Intensitätsgrad erreichen. Die Lehrkraft sollte deshalb in der Anmoderation das Motiv der Methode mit den sehr konstruierten Situationen darlegen. Es geht nicht darum, Entscheidungen über Leben und Tod zu fällen, sondern vorurteilsgeleitetes Handeln möglichst zu vermeiden.

Diese Methode erschien u. a. in: Landesjugendring Brandenburg e.V./ AIDS-Hilfe-Potsdam (Hrsg.): »Aids ist auch nicht mehr, was es mal war.« Potsdam 2014.

Wer bekommt die Tablette? (»Pillenspiel«) – Informationen zu den Menschen

Erste Information	Zweite Information	Dritte Information
Arzt	Alkoholiker	Hat sich bei seiner Arbeit infiziert (Forschung nach AIDS-Medikament).
Geschäftsmann	verheiratet, 3 Kinder	Hat sich beim Fremdgehen bei einer Prostituierten angesteckt.
Student	schwul	Hat sich über eine Transfusion angesteckt.
Junge Frau	schwanger	Hat sich bei ihrem drogenabhängigen Freund angesteckt.
15-jähriges Mädchen	Thailändische Prostituierte	Wurde von ihren Eltern verkauft.
Baby	AIDS-Waise	Lebt in einem Dürregebiet und hat kaum Überlebenschancen.

Körper und Sinnlichkeit – ein Bildungsthema im schulischen Kontext

Ganzheitliches Lernen auch in der Schule

Sexualität ist mit dem Körper und allen Sinnen verbunden. Da sexuelle Bildung sich mit der Ganzheit des Sexuellen, also mit der Verknüpfung von Körper, Kognition und Emotionen auseinandersetzt, kommt sie nicht umhin, auch das körperliche Sein mit einzubeziehen. Eine zugewandte menschennahe Sexualitätsbegleitung bezieht die Sinne, den Körper und die Gefühle mit in das Reden über Sexualität ein. Das Vorhandensein des Körperlichen darf auch im schulischen Kontext nicht ausgespart werden. Dabei geht es auf der einen Seite darum, dass Sie als Lehrperson Wissen über körperliche Zusammenhänge in der psychosexuellen Entwicklung haben. Dadurch können Sie mehr Verständnis für die aktuellen Befindlichkeiten und das soziale Miteinander in der Klasse aufbringen. Auf der anderen Seite sollten Sie sich im Kollegium damit beschäftigen, wie Sie körpernahe, die Sinne anregende Methoden im schulischen Kontext integrieren können, ohne dass dabei ein angemessenes Verhältnis zwischen Nähe und Distanz überschritten wird. Körperlichkeit wird kulturell geprägt, biografisch erworben, zugleich individuell erlebt, gestaltet und inszeniert. Auf die Bedeutung des Körpers für die Identitätsentwicklung verwies bereits Sigmund Freud (1923) mit seiner Aussage »Das ICH ist vor allem ein Körperliches«. Der Einklang mit sich selbst, auch auf den Körper bezogen, die Wahrnehmung körperlicher Lust prägen die Selbstwahrnehmung und letztendlich das Selbstbewusstsein und die Beziehungsfähigkeit. Durch die körperbezogenen, leiblichen Erfahrungen mit sich selbst und in Interaktion mit anderen entstehen Muster der Erfahrungen, des Lernens und des Gefühlslebens. Diese wiederum regen den Körper zu weiteren Handlungen und Interaktionen an. Während in der frühen Kindheit die Bezugspersonen in der Regel altersgemäß auf ein ausgewogenes Verhältnis zwischen Nähe (Abhängigkeit) und Distanz (Selbstständigkeit) achten, lernen Kinder mit zunehmendem Alter die Selbstregulation (Selbstbestimmung, Verantwortung für sich und andere).

Sexualität und Körper

Sexualität birgt unterschiedliche Facetten in sich. Sie ist nicht nur Zärtlichkeit, Lustempfinden, Erregung und Befriedigung, sondern bringt auch Hindernisse, Blockaden, Scham und Verletzungen mit sich. Diese können sich im Körper manifestieren und zu psychosomatischen Erkrankungen führen. Nicht nur im Denken, auch im

Fühlen gibt es Ambivalenzen und Widersprüche in der Sexualität. Es kann etwas peinlich sein, und dennoch wird eine Form der sexuellen Erregung gefühlt. Es kann die Lust auf Sexualität mit dem/der Partner/in gefühlt werden, und dennoch kann sich in der sexuellen Interaktion die Erkenntnis einstellen, dass diese Art der körperlichen Begegnung keinen Spaß macht. Manchmal appelliert »der Kopf« an die Verantwortung und teilt mit, dass es unvernünftig sei, mit diesem Menschen körperlich zusammen zu sein, aber der Körper empfindet das ganz anders und signalisiert Erregung. Ein anderer Widerspruch kann es sein, dass sich Menschen auf eine sexuelle Situation entgegen ihrer körperlichen Wahrnehmungen einlassen, weil sie ihr Gegenüber beispielsweise nicht verletzen möchten. Sexualität ist immer im Körper spürbar und wird vornehmlich körperlich ausgedrückt. Der Verstand und die Gefühle (Geist und Seele) sind in Wechselwirkung mit dem Körper am Sexuellen beteiligt, doch der Körper ist niemals unbeteiligt.

Sexualpädagogik, sexuelle Bildung und Körperlichkeit

Auch sexuelle Bildung beschäftigt sich mit der Sexualität und dem Körper.

Bei der Erarbeitung eines Bildungskonzepts muss bedacht werden, dass sich bei vielen Erwachsenen die Angst vor Sexualisierung durch das Reden über Sexuelles hartnäckig »in den Köpfen verwurzelt« hat. Im schulischen Kontext sind das vor allem Kolleg/innen und Eltern, denen Sie auf Nachfrage Erklärungen für Ihr Handeln liefern müssen. Transparenz hilft, Verunsicherung zu vermeiden. Wenn zudem noch den Körper einbeziehende Methoden im Unterricht eingesetzt werden, ist die Skepsis besonders groß. Die aktuellen Debatten zum Thema »sexuelle Gewalt« waren notwendig, um ein Tabu zu brechen und Heranwachsende besser schützen zu können. Dennoch befördern sie gleichsam die Angst vor der schädigenden Wirkung von sexualbildnerischen Maßnahmen. Die Verunsicherung reicht bis zum Beginn der 1980er-Jahre zurück. Sexualpädagogisch geschulte und erfahrene Fachkräfte weisen dennoch immer wieder darauf hin, dass Bildung einen Methodenkanon bereitstellen muss, der die Ansätze multisinnlichen und ganzheitlichen Lernens berücksichtigt. Konkret bedeutet das, Wissen, Gefühle, Sinneswahrnehmungen und Körperlichkeit in den Lernprozess einzubeziehen.

Obwohl die frühzeitig beginnende Vermittlung von Körper- und Sexualwissen zu den wirkungsvollen präventiven Maßnahmen zählt, hat die gesellschaftlich notwendige Enttabuisierung von sexueller Gewalt gegen Kinder und Jugendliche eine neue Körper- und Sexualfeindlichkeit, auch in Bezug auf pädagogische Arbeitsfelder ausgelöst. Es fällt heutzutage zunehmend schwer, körpernahe Methoden anzubieten und das, obwohl es inzwischen ausreichende Erfahrungen – z. B. aus der Erlebnispädagogik – gibt, die bestätigen, dass Erlebtes und eigene Erfahrungen nachhaltiger wirken als das Reden darüber. Wissen und Reflexion des Erlebten schaffen ein Bewusstsein für Situationen und Handlungen und tragen zur (sexuellen) Gesundheit bei. Eigene Grenzen und die von anderen können wahrgenommen und besprochen werden. Dazu gehört selbstverständlich auch die Vermeidung von unnötigen Risiken. Körperwahrnehmungsübungen helfen dabei, (positive) Erfahrungen mit dem eigenen Körper zu machen.

»Körpererleben findet grundsätzlich ab der späten Fetalperiode statt, es wird durch frühkindliche Erfahrungen (Zärtlichkeit, häusliche Gewalt u. a.) erheblich beeinflusst und führt zu einem individuellen Körperbild. Störungen von Körpererleben und Körperbild werden als Begleitphänomen bei zahlreichen psychischen und psychosomatischen Störungen beobachtet und können z. B. nach psychischen Traumen als gestörte sog. Körpererinnerung Anlass für therapeutische Maßnahmen sein« (Dressler/Zink 2003: 278).

Die Einbeziehung von erlebnisorientierten Ansätzen und Körperübungen reichern sexuelle Bildung an. Viele Untersuchungen und Befragungen bestätigen: Wissen alleine schützt nicht. Körpervorgänge und -erlebnisse müssen erfahrbar gemacht werden, um das kognitiv-orientierte Lernen um körperlich-emotionale Elemente zu erweitern und so ein ganzheitliches Lernen zu ermöglichen. Das Körperbewusstsein zu fördern und ein positives Erleben zu ermöglichen, sollte ein Beitrag der Sexualpädagogik und sexuellen Bildung sein (vgl. Martin 2013: 639 ff.).

Im Umkehrschluss bedeutet das: Wenn bestimmte Themen und Begegnungen immer ausgespart werden, bleiben entscheidende Lernfelder im Bereich der sexuellen Bildung unangetastet. Freiwilligkeit, egal ob beim Sprechen oder Handeln, ist oberstes Gebot, wenn es sich um sexuelle, intime oder körperbezogene Themen handelt.

Körperübungen als Bestandteil früher und später sexueller Bildung

Wer mit Kindern und Jugendlichen arbeitet, egal in welchem Unterrichtsfach, ist mit deren körperlichen Ausdrucksformen konfrontiert: Mit Nähe- und Kontaktbedürfnissen, Abgrenzungen und »handfesten« Auseinandersetzungen, bis hin zu direkten sexuellen Äußerungen und Handlungen. Heranwachsende ernst zu nehmen und prozess- und zielgruppenorientiert auf deren Bedürfnisse einzugehen, unterstützt diese positiv in ihrer Entwicklung.

»Körperwahrnehmung, Körperlernen und Wissenserwerb müssen in Beziehung und miteinander im Einklang stehen. Kinder, Jugendliche und Erwachsene benötigen persönliche Erfahrungen, um Wissen aufzunehmen, zu verstehen, damit sie es dann in ihre Handlungen integrieren können. Dazu gehört auch der Einsatz des Körpers in Form von Körpererfahrungen, -wahrnehmung und -lernen. Multimediale, sinnliche und abwechslungsreiche Methoden und Medien unterstützen Erwachsene bei einer kinder- und jugendgerechten Vermittlung.

Ein besonderes Augenmerk sollte dabei auf die Wahrnehmung des eigenen Körpers gerichtet werden. Bewegungs- und Sauerstoffmangel sowie zunehmende ›Second hand Erfahrungen‹ führen bei Kindern und Jugendlichen zu immer mehr körperlichen, motorischen und kognitiven Handicaps« (Martin 2013: 649).

Körper und Gesellschaft

Während der Körper in einer sexualisierten Medien- und Alltagswelt zunehmend öffentlich inszeniert wird, auch in Bezug auf intime, private Details, stellen Mitarbeitende in beraterischen, therapeutischen und pädagogischen Arbeitsfeldern häufig das Gegenteil fest. In der Arbeit mit Jugendlichen und Erwachsenen wird immer wieder deutlich, dass im persönlichen und privaten Leben Probleme mit dem eigenen Körper bestehen (z. B. gar kein oder ein schlechtes Körperbewusstsein, Ekel, Fremdheit). Einerseits gibt es hohe Ansprüche an das Aussehen des Körpers, anderseits aber Ekel vor Körperflüssigkeiten sowie Unsicherheit im körperlichen Umgang mit anderen Menschen. Jeder Heranwachsende hat ein Recht auf Schutz vor (sexualisierter) Gewalt, aber auch ein Recht auf körperliches Wohlbefinden, welches durch Körperkontakt mit Gleichaltrigen und Erwachsenen ausgelöst werden kann. Im Gegenteil sogar nährt es den Menschen ebenso wie das Essen und Trinken.

Kinder entdecken sich und ihre Sexualität vor allem mit dem Körper. Körperlernen, Körperwahrnehmung und Sinneslernen gehören zur Lebenswelt der Kinder, wenn es darum geht, ihren Körper zu verstehen und zu begreifen. Lieben, kuscheln, schmusen, aber auch Spiele tragen dazu bei, die Welt zu begreifen. Die kindlichen Bedürfnisse in Bezug auf den Körper beziehen sich auf sich selbst (Selbstbefriedigung), auf andere Kinder (beim Spielen) und auf Erwachsene, die ihnen ein Wohlgefühl und Vertrauen vermitteln. Bei Jugendlichen verändert sich das Gefühl zum eigenen Körper, besonders in der Pubertät. Die vermehrte Ausschüttung von Sexualhormonen nimmt einen gravierenden Einfluss auf das körperliche Erleben und Wohlbefinden bei den Heranwachsenden. Die körperlichen Veränderungen in der Pubertät stellen eine große Herausforderung dar. Die Einschätzung der eigenen Attraktivität sowie die Wahrnehmung durch Dritte werden dann vornehmlich mit Anerkennung und Wertschätzung verknüpft. Die Frage nach Normalität gewinnt an Brisanz. Durch Selbstbeobachtung, aber auch durch die Bewertung durch andere nimmt die Zufriedenheit bzw. Unzufriedenheit mit dem eigenen Körper zu oder ab. Der Körper steht nun im Zentrum der eigenen Inszenierung. Was muss ich mit meinem Körper tun, dass ich nicht auffalle, oder was kann ich tun, damit ich mich attraktiver fühle und von den anderen auch so wahrgenommen werde? Die Beziehungsebene in intimen Begegnungen, die Frage nach der sexuellen und geschlechtlichen Identität sowie der Fruchtbarkeitsaspekt gewinnen an Relevanz (Sielert 2005: 49 ff.).

Ein geschlechtssensibler Blick auf Pubertierende ist auch im schulischen Kontext notwendig. Jungen nehmen das Muskelwachstum größtenteils positiv wahr und das wirkt sich auf das Selbstbewusstsein fördernd aus. Fast drei von vier Jungen/jungen Männern geben an, dass sie sich in ihrem Körper wohlfühlen. Körperliche Fitness wird dabei von drei Vierteln der männlichen Jugendlichen/jungen Erwachsenen als besonders wichtig hervorgehoben. Mädchen sehen sich einerseits mit anderen gesellschaftlichen Anforderungen konfrontiert, andererseits führt der notwendige Zuwachs an Körperfett augenscheinlich zu Verunsicherungen und Abnahme des Wohlbefindens. Nicht einmal fünfzig Prozent der Mädchen/jungen Frauen fühlen sich in ihrem Körper wohl. Sich im eigenen Körper wohl zu fühlen, bestätigt nur knapp jede Zweite, und jede Dritte ist mit dem eigenen Körpergewicht unzufrieden. Dabei schätzen sich die meisten (28 %) als übergewichtig ein. Das Styling hat für sie einen höheren Stellenwert (71 %) als bei den männlichen Gleichaltrigen (54 %). In Bezug darauf, körperlich fit zu bleiben, nähern sich die Geschlechter an. Bei der Mehrzahl der Mädchen/jungen Frauen liegt der Wert von fünfundsechzig Prozent nur unbedeutend unter dem des anderen Geschlechts (74 %) (Heßling/Bode 2015: 85/86).

Sport tut gut!

In keinem anderen Unterrichtsfach wie dem Sport bieten sich Ihnen so gute Möglichkeiten, körperbezogenes Wissen mit Erfahrungen

Sport tut gut!

zu verknüpfen. Hier steht Bewegung im Zentrum, die es Kindern und Jugendlichen ermöglicht, sich selbst und den eigenen Körper wahrzunehmen. Aber auch Teamgeist und Solidarität können intensiv körperlich nachgespürt werden. Je jünger die Kinder sind, desto mehr Bewegung benötigen sie im schulischen Alltag zum Ausgleich und zur Anregung der kognitiven Fertigkeiten. Während der Pubertät können sportliche Aktivitäten einen guten Ausgleich zur allgemeinen Unausgewogenheit liefern. Weil es im (Schul-)Sport auch häufig um ein sich körperliches Messen und Begegnungen mit Verbündeten oder Kontrahenten handelt, können hier wertvolle Erfahrungen mit Körperkontakt, Grenzen, Regeln und Berührungen gesammelt werden. Damit das gut gelingt, ist es notwendig, neben den körperlichen Aktivitäten auch über Heikles in Zusammenhang mit körperbezogenem Agieren eben auch im Sport zu sprechen. Gegenseitige Wertschätzung, Respekt, Grenzen, Trost, Hilfe und Unterstützung können hier körpernah erfahren werden. Jede wahrnehmbare, willentliche Form von Grenzverletzungen sollte thematisiert und sofort unterbunden werden. Dabei muss beachtet werden, dass es keine leibbezogenen, objektiven Faktoren gibt, die ein ausgewogenes Nähe-Distanz-Verhältnis festschreiben könnten. Die Bewertung davon, was an körperlicher Nähe als angenehm oder grenzverletzend empfunden wird, ist höchst individuell und stets subjektiv. Deshalb kann das Ziel des Sportunterrichts nur sein, eine Sensibilisierung der einzelnen Schüler/innen für sich und andere zu erreichen. Sportlehrer/innen agieren als Vorbilder für angemessene, körperliche Kontakte und für den Umgang mit körperbezogener Nähe und Distanz. Dabei ist nicht die Hilfestellung oder die geringe Bekleidung beim Schwimmen oder Sport das entscheidende Kriterium für Grenzüberschreitungen, sondern die Absicht, die hinter einer Handlung steht. Angemessenes körperbezogenes Agieren ist notwendig, damit Heranwachsende Bewegungen erlernen, die ihrem Körper guttun, das Wohlbefinden und die Gesunderhaltung des Körpers fördern. Auch bei Verletzungen sowie bei sportlichen Erfolgen oder Misserfolgen entstehen körperliche Begegnungen, die nicht grundsätzlich ausgespart werden sollten, vielmehr geht es auch hierbei, wie bei der Sexualerziehung allgemein, um das Erlernen von Respekt, Empathie und ein gutes soziales Miteinander.

> **Praxistipp**
>
> Versuchen Sie, mit den Schüler/innen insbesondere bei diesem Themenbereich auf Augenhöhe zu sprechen, ohne Ihre professionelle Rolle aus dem Blick zu verlieren.
>
> Versuchen Sie, den Körper mit einzubeziehen, aber achten sie darauf, dass keine Grenzen überschritten werden bzw. nutzen Sie die Erfahrungen, um dieses Thema reflektierend mit den Schüler/innen aufzugreifen.
>
> Nehmen Sie die Herausforderungen im Umgang mit dem Körper als Lernfeld an und seien Sie ein gutes Vorbild, indem Sie die Grenze zwischen Intimität und Veröffentlichung wahren und den Schüler/innen somit eine Orientierung geben.
>
> Besprechen Sie mit den Schüler/innen die Problematik von Körperlichkeit, Nähe/Distanz und Grenzverletzungen im Sportunterricht. Sie schaffen damit Transparenz und die Möglichkeit, sich rechtzeitig zu beschweren bzw. sich bei unabsichtlich geschehenen Grenzverletzungen zu entschuldigen.

Methodenteil

Meinen Gefühlen auf der Spur

Zielgruppe und Zeitumfang	Ab Jahrgangsstufe 4, ca. 60 Minuten, nach Geschlechtern getrennt.
Intention	Vielfältige Gefühle mit dem Körper zum Ausdruck bringen.
Ziele	Die Schüler/innen sollen sich ihrer Gefühle bewusst werden, sich an sie erinnern und ihnen nachspüren.

Material	Kein Material, aber ausreichend großer Raum mit Freifläche.
Verlauf und Instruktion	Während der Übung darf nicht gesprochen werden. Es empfiehlt sich, dies zu Beginn zu betonen. Störungen von außen sollten vermieden werden. Die Schüler/innen bewegen sich bei dieser Übung viel.

Anleitung der Methode:

»Verteilt euch gleichmäßig im Raum.
Geh in deinem Tempo, finde deinen eigenen Rhythmus.
Jetzt gehe behäbig. Nun werde schneller, noch schneller.
Gehe mit der Geschwindigkeit, die du halten kannst.
Gehe kreuz und quer durch den Raum. Nutze auch die Raumecken.
Gehe vorwärts. Gehe rückwärts. Schau auch beim Rückwärtsgehen nach vorne.
Gehe seitwärts. Probiere verschiedene Gehrichtungen aus.
Verändere dein Tempo.
Nutze jetzt verschiedene Gangarten: Hüpfen, Schleichen, Schreiten, Kriechen, Stolpern, Rennen.
Laufe jetzt wieder in deinem Tempo und in deinem Rhythmus durch den Raum und nehme wahr, welche der Erinnerungen, Empfindungen im nächsten Teil der Übung auftauchen. Versuche mit deinem Gang, mit deinem Körper auszudrücken:

Du langweist dich.
Du fühlst dich schwach und krank.
Du bist ängstlich.
Du bist im Stress/in Eile.
Du bist wütend.
Jemand hat dir gesagt, dass du leise sein musst.
Du bist schuldbewusst.
Du gehst nachts durch die Dunkelheit.
Du wirst verfolgt.
Du fühlst dich stark.«
Nach jeder Situation die Anweisung geben: *»Und nun schüttelst du die Angst (Beispiel) ab. Schüttel' Arme, Beine, Kopf, um alles fallen zu lassen.«*

Nachbearbeitungs- und Einsatzmöglichkeiten	Die Auswertung findet in Kleingruppen statt. Folgende Fragen können hilfreich sein: Was hat dir Spaß gemacht? An welche Bilder, an welche Situationen habe ich mich erinnert? Was ist schwergefallen? Wie geht es mir jetzt?
Praxistipp für Lehrer/innen	Anleitung nach Jahrgangsstufe ggf. anpassen, nicht alle Gefühle/Situationen eignen sich schon für die jüngeren Jahrgänge.

Diese Methode wurde u. a. beschrieben in: Bundestelle der Katholischen Jungen Gemeinde (Hrsg.): Erste allgemeine Verunsicherung. Düsseldorf 2011 (2. Auflage), S. 103/104.

Gefühle zuwerfen

Zielgruppe und Zeitumfang	Ab Jahrgangsstufe 4, ca. 60 Minuten
Intention	Eine verlässliche Interpretation von Gefühlsäußerungen kann nicht vorausgesetzt werden. Schüler/innen sollten dabei unterstützt werden, zu verstehen, auch nonverbale Kommunikation ernst zu nehmen.
Ziele	Eigene Gefühle durch Mimik/Gestik ausdrücken lernen und diese bei anderen wahrnehmen und ihnen mit Respekt begegnen.
Material	Karten, auf denen die Schüler/innen Gefühle aufschreiben können.
Verlauf und Instruktion	Jede/r Schüler/in bekommt eine Karte, auf die er/sie ein Gefühl aufschreiben soll. Danach stellen sich alle in einen Kreis. Die Karten werden gemischt. Jede/r erhält eine Karte, die nicht die eigene sein soll. Nun wird versucht, nach und nach das Gefühl darzustellen bzw. auszudrücken, damit die anderen dieses interpretieren können. Dieses wird an drei andere Personen weitergegeben. Danach werden diese gefragt, welches Gefühl sie dargestellt haben.

Nachbearbeitungs- und Einsatzmöglichkeiten	In einem abschließenden Gespräch kann über die Unterschiedlichkeit von Gefühlsäußerungen gesprochen und für die Wahrnehmung sensibilisiert werden. Nachbereitend kann thematisiert werden, dass es auch in Partnerschaften nicht einfach ist, gemeinsam über Gefühle und Bedürfnisse zu sprechen. Schüler/innen sollten geschult werden, auch nonverbale Äußerungen zu beachten.
	Alternative 1: Diese Übung kann auch als Scharade durchgeführt werden.
Praxistipp für Lehrer/innen	Bitte nutzen Sie diese Übung, um auf sexuelle Grenzverletzungen in freiwillig gewählten Beziehungen aufmerksam zu machen. Diese geschehen häufig unabsichtlich. Siehe Ausführungen im Kapitel sexuelle Gewalt.

Diese Methode wurde von Beate Martin beschrieben und ist hier erstmalig veröffentlicht.

Gemeinsam aushandeln

Zielgruppe und Zeitumfang	Ab Jahrgangsstufe 8, ca. 60 bis 90 Minuten
Intention	Mit dieser erprobten Methode können die Themen Selbstbestimmung und partnerschaftliches Handeln und die konkreten Schwierigkeiten, die dabei auftreten können, gut besprochen werden.
Ziele	Förderung der Selbstbestimmung, Einüben partnerschaftlicher Aushandlungsprozesse, Hinweise auf beabsichtigte/nicht beabsichtigte Probleme, die in Paarbeziehungen auftreten können.
Material	pro familia Handreichung »Jetzt erst Recht«. Diese kann kostenlos beim pro familia Bundesverband bestellt werden. Die Beispiele auf den Seiten 28 bis 31 können nach Bedarf variiert werden.

Verlauf und Instruktion	Die Schüler/innen werden in Kleingruppen eingeteilt. Dabei können die gleichen oder unterschiedliche Beispiele zur Bearbeitung verteilt werden. Die Aufgabe besteht darin, folgende Fragen zu beantworten: »Was ist in dieser Situation in Ordnung? Was nicht? Was denkt ihr, kommt diese Situation häufig oder selten vor? Was ist nachvollziehbar, was nicht? (Aufgabenstellung siehe Broschüre S. 32) Könnte die Beachtung der nonverbalen Kommunikation helfen, dass diese Situation anders erlebt und thematisiert wird?
Nachbearbeitungs- und Einsatzmöglichkeiten	Nachdem alle ein Fallbeispiel in einer Kleingruppe bearbeitet haben, findet ein Austausch über die Ergebnisse, Meinungen und Wertvorstellungen im Klassenverband statt.
Praxistipp für Lehrer/innen	Nutzen Sie die Broschüre, um Anregungen für die Nachbereitung und Einsatzmöglichkeiten zu erhalten. Sie finden hier viele pädagogische Tipps für die Umsetzung.

Diese Methode wurde erstmalig veröffentlicht in: pro familia Bundesverband (Hrsg.): »Jetzt erst Recht«. Frankfurt am Main 2012, S. 28 ff.

Sexuelle Identitäten

Ein stetiges oder veränderbares Puzzle

Die Herausbildung einer sexuellen Identität basiert auf der Selbstdefinition eines Individuums. Diese setzt sich aus verschiedenen Komponenten zusammen. Dem Körper (biologisches Geschlecht) und der daraus resultierenden Geschlechtsidentität (sich als Mann, Frau oder anders zu fühlen bzw. zu .definieren) (psychisches Geschlecht). Weiterhin der Geschlechterrolle, die im Verlauf der psychosexuellen Entwicklung gebildet und durch verschiedene Faktoren beeinflusst wird, u. a. durch das Postulieren von Zweigeschlechtlichkeit (soziales Geschlecht) sowie der sexuellen Orientierung (Homo-, Hetero-, Bi-, »Asexualität«) und der Art und

Weise des sexuellen Begehrens (z. B. Vorliebe für Vaginalverkehr, S/M). Während sich die sexuelle Orientierung auf partnerschaftliche Sexualität bezieht, stellt der Begriff der sexuellen Identität eine Erweiterung dar und setzt sich wie ein Puzzle aus verschiedenen Komponenten zusammen. Sexuelle Identitäten können sich im Laufe des Lebens gar nicht, teilweise oder vollständig verändern.

Zwei Hauptaspekte werden im Zusammenhang von der Entstehung sexueller Identitäten immer wieder in den Blick genommen. Es wird diskutiert, inwieweit die Dimensionen männlich/weiblich und homo/heterosexuell als (essentielle) Kategorien existieren oder Ergebnisse kultureller Konstruktionsprozesse sind. Eindeutig nachweisbar ist, dass Lebensläufe individuell und vielgestaltig gelebt werden. Verhaltensvorgaben in Bezug auf die Geschlechterrollen oder die sexuellen Orientierungen werden weniger starr und rigide getrennt gelebt. Während zu Beginn der Identitätsforschung davon ausgegangen wurde, dass sich im Verlauf des Jugendalters eine relativ stabile Identität entwickelt, spricht man heute eher von der Bastel- oder Patchwork-Identität. Zu der gestalterischen Freiheit oder Orientierungslosigkeit – je nachdem welchen Blickwinkel die betrachtende/forschende Person einnimmt –, die mit der Vorstellung der sozialen Konstruktion von Gender und Sexualität verknüpft ist, gibt es immer wieder Gegenströmungen, die »natürliche«, biologisch gegebene Bi-Polaritäten postulieren und damit dem Bedürfnis der Menschen nach Klarheit und Rollensicherheit entgegenkommen.

Allerdings ist die Erkenntnis, dass sexuelle Liebes- und Lebensformen veränderbar sind und gewechselt werden können, keine Feststellung neuzeitlicher Befragungen. Bereits in den fünfziger Jahren hat der Amerikaner Alfred C. Kinsey die starre Welt der sexuellen Orientierung in Unordnung gebracht, als er aufgrund einer Befragung belegen konnte, dass ein Fünftel der Frauen und die Hälfte der Männer, mindestens einmal Sex mit Partnern und Partnerinnen des gleichen Geschlechts noch vor Vollendung ihres vierzigsten Lebensjahres hatten. Kinsey sprach damals von der Ambisexualität einiger Menschen. Heutzutage hat sich dieser veraltete Begriff, der unterschiedlich für bestimmte Formen der Bisexualität als sexuelle Orientierung benutzt wird, erweitert. Inzwischen finden wir in unserer Gesellschaft vielfältig gestaltete Lebensentwürfe. Unter anderem Individuen und Gruppierungen, die sich auf keine Bezeichnung festlegen lassen möchten. Sie favorisieren die Wahlfreiheit ohne Festschreibung, teilweise aus biologischen Gründen (kein eindeutiges Geschlecht wie z. B. bei intersexuellen Menschen) oder aus psychosozialen Gründen, wie es bei transsexuellen oder transgender Personen der Fall sein kann. Ein größerer Teil der Menschen bevorzugt nach wie vor eine Festlegung, indem sie sich als männlich, weiblich und homo-, hetero- oder bisexuell bezeichnen. Das gibt ihnen und Anderen Verhaltenssicherheit und entspricht dem Bedürfnis nach Klarheit. Die Einschränkung der Wahlmöglichkeiten, die daraus resultiert, wird dabei billigend in Kauf genommen.

Kinder und Jugendliche benötigen mehr eindeutige Orientierung als Erwachsene

In der Phase der Pubertät führt eine erhöhte Ausschüttung der Sexualhormone nicht nur zu einer Veränderung des Körpers, sondern auch zu einer Verstärkung der sexuellen Bedürfnisse und Wünsche. Die unterschiedlichen Sinnaspekte von Sexualität, *Identität, Fruchtbarkeit, Lust und Beziehung* (Sielert 1993: 15/16), erhalten eine andere Bedeutung. Auch wenn der Aspekt der *Fruchtbarkeit* die größten körperlichen Veränderungen in sich birgt, spielt er in der jugendlichen Biografie bei den meisten erst im späteren Leben eine zunehmend wichtige Rolle. Aber die Suche nach *Identität (Wer bin ich?)*, nach *Lust* den eigenen Körper *(Bin ich normal gewachsen? Attraktiv für Andere? Wie fühlt sich Sexualität im Körper an?)* zu entdecken sowie Schau- und Zeigelust und die Suche nach *Beziehung (So bin ich, wie sind die anderen?)* prägen das Leben der Jugendlichen in diesem Lebensabschnitt. Dazu gehören auch die (un)bewusste Suche und die

Verfestigung der Geschlechtsidentität und der sexuellen Orientierung. Im psychosexuellen Entwicklungsprozess sind es insbesondere Kinder und Jugendliche, die zu einer klaren Orientierung in Bezug auf die geschlechtliche und sexuelle Zugehörigkeit neigen. »Normal« zu sein, ist für sie ein erstrebenswertes Ziel. Eine Zuordnung erleichtert vor allem in der Pubertät, die Zeit, in der besonders viele Entwicklungsaufgaben und Veränderungen anstehen, die Orientierung und die Partner/innenwahl. Es entsteht eine Verhaltenssicherheit bei gleichzeitiger Begrenzung. Vermeiden Jugendliche eine Festlegung, laufen sie Gefahr, sich im Wirrwarr der Gefühle permanent neu entscheiden und inszenieren zu müssen, um ihre »Ich-Identität« kenntlich zu machen. Das kann anstrengend sein und ein Gefühl der Überforderung hervorrufen, da sie sich in der Pubertät aufgrund der vielen Herausforderungen bisweilen sowieso schon desorientiert fühlen. Heranwachsende neigen womöglich aus den bereits genannten Gründen in diesen Entwicklungsphasen zu starren Normen, da sie mit (sexueller) Vielfalt noch nicht so richtig umgehen können. Das ist verständlich und sei ihnen zugestanden, sofern das nicht bedeutet, dass sie Jugendliche, die sich anders als die Mehrheit verorten, ausgrenzen oder diskriminieren.

Jugendliche, die nicht die »Norm« erfüllen, haben dem gegenüber häufig einen Leidensweg vor sich. Sie spüren meistens schon in jungen Jahren, dass sie sich in den »gesellschaftlich normierten und nur begrenzt akzeptierten Kategorien« nicht wiederfinden. Das betrifft vor allem trans- und homosexuelle Jungen. Mädchen und Frauen scheinen toleranter in Bezug auf gleichgeschlechtliche Paarbeziehungen zu sein. Zudem haben sie beispielsweise bei der Kleidung mehr Wahlmöglichkeiten und fallen nicht zwangsläufig auf, wenn sie sich männlich inszenieren. Andererseits kann das Nicht-Wahrnehmen lesbischer Beziehungen auch als Ignoranz gegenüber dieser Lebens- und Liebesform aufgefasst werden.

Laut BZgA-Studie (Heßling/Bode 2016: 117–119) geben rund 10 % der Jugendlichen und jungen Erwachsenen im Alter zwischen 14 und 25 Jahren an, einen engen körperlichen Kontakt zu einer Person mit gleichem Geschlecht gehabt zu haben. Bei der Erhebung lag der weibliche Anteil (12 %) etwas höher als bei den männlichen (9 %). Zudem sind es vor allem die älteren Jugendlichen zwischen 16 Jahren (mind. 10 %) und bis zu 14 % bei den 21- bis 25-Jährigen, die über gleichgeschlechtliche körperliche Kontakte berichten. Die männlichen Erwachsenen zeigen sich insgesamt etwas zögerlicher, was wiederum mit den Vorstellungen von männlichen und weiblichen Geschlechterrollen in Verbindung stehen könnte. Gleichgeschlechtliche Körperkontakte sind im Kindes- und Jugendalter keine Seltenheit. Kinder entscheiden sich bei Berührungen mehr nach Sympathie und Freundschaft anstelle der Geschlechtlichkeit. Jugendliche, die sich im Allgemeinen in diesen Altersstufen in einer Orientierungsphase befinden, probieren einiges mit unterschiedlichen Motiven aus, ohne das bei ihnen eine Klarheit über ihre sexuelle Orientierung bestehen muss. Gunter Schmidt (1996) spricht davon, dass die Unschuld des Undefinierbaren durch Aufklärung verloren gegangen sei und das in dessen Folge ein Rückgang von gleichgeschlechtlichen Körperkontakten aus Angst vor einer homosexuellen Orientierung zu verzeichnen sei.

Dennoch berichten Jugendliche, wie zuvor beschrieben, über erlebte gleichgeschlechtliche Kontakte. Allerdings scheint es darunter nur eine kleine Gruppe zu geben, die das Ausprobieren in verschiedene Richtungen für den eigenen Selbstfindungsprozess nutzt. Im Rahmen der BZgA-Studie (Heßling/Bode 2016) wurden die Jugendlichen zwischen sechzehn und fünfundzwanzig Jahren gefragt, zu welchem Geschlecht sie sich vornehmlich hingezogen fühlen. Die Kategorie »ich weiß nicht« wurde im Schnitt nur von einem Prozent der Befragten angekreuzt. Das bedeutet, dass Jugendliche ab sechzehn Jahren unabhängig von ihrer sexuellen Orientierung und obwohl sie sich in einer Suchbewegung befinden, dennoch eine Zuordnung vornehmen (können). In der Erhebung haben sich 4 % der männlichen und 2 % der weiblichen Jugendlichen mit einer eindeutigen Präferenz für gleichgeschlechtliche Körperkontakte geoutet. Hingegen lag der Anteil derjenigen, die sich als bisexuell bezeichnen, bei den jungen Frauen mit 5 % höher als bei den jungen Männer mit einem Anteil von 2 % (ebd.: 117 ff.). Da die Gruppe der homo- bzw. bisexuell orientierten Menschen trotz der Repräsentativität der Studie insgesamt sehr klein war, kann aus diesen Ergebnissen nur eine Schlussfolgerung gezogen werden: Es ist sicher davon auszugehen, dass sich in jedem Klassenverband Kinder und Jugendliche befinden, die sich im späteren Lebensverlauf nicht heterosexuell orientieren werden. Schule hat die Aufgabe, auch diese Heranwachsenden darauf vorzubereiten, wie nicht heteronormative Lebensweisen gestaltet werden können und durch Aufklärung möglichem Befremden und Diskriminierung vorzubeugen. Studien belegen, dass die Erkenntnis homosexuell zu sein, bei Jungen im Jugendalter zusätzliche Risikofaktoren im Entwicklungsprozess in sich bringt. Das Suizidrisiko ist bis zu sieben Mal höher (Remafedi 1991: 869 ff.), ein Mehr an psychischen Erkrankungen, Einsamkeit und frühes Verlassen des Elternhauses aufgrund eines nicht akzeptierten Comingout sind als die häufigsten Folgen und Risiken erwähnenswert.

Schule als Ort der Auseinandersetzung mit den Themen »Geschlecht und sexuelle Orientierung«

Während Kinsey zu seiner Zeit schon davon gesprochen hat, dass sich die Menschen zwischen zwei Polen (homo- und heterosexuell) in einem Kontinuum auf einer Skala von null bis sechs (von ausschließlich heterosexuell bis hin zu ausschließlich homosexuell) bewegen, aktualisiert sich diese These heutzutage erneut, in der Diskussion über die Verankerung und Gleichstellung sexueller Vielfalt. Diese Diskussion spitzt sich in Teilen auch auf die kritische Sicht der Lehrpläne zu, die ihren gesetzlichen Auftrag ernst nehmen. Der Artikel 3 des Grundgesetzes für die Bundesrepublik Deutschland besagt:

»(1) Alle Menschen sind vor dem Gesetz gleich.
(2) Männer und Frauen sind gleichberechtigt. Der Staat fördert die tatsächliche Durchsetzung der Gleichberechtigung von Frauen und Männern und wirkt auf die Beseitigung bestehender Nachteile hin.
(3) Niemand darf wegen seines Geschlechtes, seiner Abstammung, seiner Rasse, seiner Sprache, seiner Heimat und Herkunft, seines Glaubens, seiner religiösen oder politischen Anschauungen benachteiligt oder bevorzugt werden. Niemand darf wegen seiner Behinderung benachteiligt werden«.

Die Gestaltung der Richtlinien zur Sexualerziehung ist Ländersache. Diese muss aber im Sinne der gesetzlichen Rahmung geschehen. Daraus resultiert, dass Sexualerziehung/Aufklärung an Schulen sexuelle Vielfalt in Bezug auf Geschlecht, sexuelle Orientierung, Begehren und Lebensweisen im Unterricht thematisieren und antidiskriminierend wirken muss. Zudem kommt die Institution Schule nicht umhin, sich mit diesen gesellschaftspolitischen Themen auseinanderzusetzen und Stellung zu beziehen, z. B. im Rahmen elterlicher Aufklärung. Intern ist das Kollegium angefragt, sich mit der von der feministischen Geschlechterforschung herausgearbeiteten heterosexuellen Matrix der Dreieinigkeit von Sex, Gender und Begehren als wesentliche Stütze der Zweigeschlechtlichkeit zu beschäftigen. Wenn nämlich der Beitrag des Konstruktivismus bzw. Dekonstruktivismus zur Geschlechterforschung ernst genommen und akzeptiert wird, dass »wir nicht als Frauen (und gegebenenfalls als Männer) diskriminiert und benachteiligt werden, sondern auch dadurch, dass wir Frauen oder Männer zu sein haben« (Meyer 2001: 35), müssen auch alle damit zusammenhängenden Verhaltensmuster und Erwartungen in Frage gestellt werden. Sielert (2001: 18) fordert in diesem Kontext, dass es notwendig sei, »Heterosexualität, Generativität und Kernfamilie zu ›entnaturalisieren‹ und daraufhin zu überprüfen, inwiefern sie die Möglichkeiten zur selbstbestimmten Lebensführung einschränkt, wenn durch ihre Intention und Maßnahmen explizit oder implizit nahe gelegt wird, heterosexuell und in Kernfamilien mit leiblichen Kindern zu leben«. Heutige Patchwork- oder Bastelidentitäten können nur selbstbestimmt gestaltet und gelebt werden, wenn es einer Gesellschaft gelingt, vielfältige Lebensentwürfe wahrzunehmen, aneinander interessiert zu sein und Vielfalt als Bereicherung und nicht als Bedrohung zu sehen. Gesamtgesellschaftlich betrachtet geht es um den Respekt von vielfältigen Ausformungen von Geschlecht, sexueller Orientierung, kulturellen oder familiären Lebensweisen, sofern diese nicht unter Zwang geschehen und im Einklang mit den Menschenrechten auf sexuelle und reproduktive Gesundheit stehen.

Gendersensible Konzepte und die Berücksichtigung vielfältiger Lebensentwürfe fehlen im Schulalltag

Gendersensible Vorgehensweisen sind für eine gute Begleitung im schulischen Kontext erforderlich. Gleichzeitig sollte eine Manifestierung von Geschlechterrollen und Lebensentwürfen vermieden werden. Schule ist ein geeigneter Ort, um sexuelle Bildung für alle Schülerinnen und Schüler anzubieten und kreative Lösungen für eine geschlechtersensible und sexuelle Vielfalt fördernde Kultur voranzubringen. Die Schule muss ein sicherer und gewaltfreier Ort für alle sein und zwar unabhängig von Geschlecht, sexueller Orientierung, Kultur und Herkunft. Dazu zählt die Vermeidung von struktureller Gewalt, Ausgrenzung und Diskriminierung.

Lehrkräfte haben sich in den letzten zehn Jahren nachweisbar auf gesellschaftliche Veränderungen eingestellt. So wird das Thema »Homosexualität« laut BZgA-Studie (Heßling/Bode 2016: 38) inzwischen häufiger aufgegriffen, als das noch vor zehn Jahren der Fall war. 46 % der Mädchen und 48 % der Jungen berichten, dass sie darüber im Rahmen des Sexualkundeunterrichts gesprochen haben. Dennoch ist »Homonegativität/Homophobie« unter männlichen Jugendlichen nach wie vor stark verbreitet. Präventive Projekte und Konzepte zur Vermeidung von Ausgrenzung, Diskriminierung und Gewalt fehlen häufig.

Laut aktueller Schätzungen definieren sich 5 % bis 10 % der Bevölkerung als homosexuell. Dieses muss sich in schulischen Unterrichtsinhalten wiederfinden. Der »Coming out Prozess« (*sei hier als eigene Erkenntnis der sexuellen Orientierung verstanden und mit Partnersuche verknüpft)* betrifft alle Schüler/innen. Er tritt bei homosexuellen im Vergleich zu gleichaltrigen heterosexuellen Jugendlichen immer noch später auf. Nicht selten führt diese Situation dazu, dass Verzögerungen in der psychosexuellen Entwicklung oder innerpsychische Probleme entstehen, wie beispielsweise verspätete sexuelle Erfahrungen oder die Angst, mit anderen darüber zu sprechen. Viele homo-, inter- und transsexuelle Jugendliche haben bereits Erfahrungen mit Ausgrenzung erlebt, fühlen sich häufig alleine und unverstanden. Andererseits führt eine homosexuelle Orientierung während der Jugendzeit dazu, die eigene Sexualität und die Bedürfnisse bewusst wahrzunehmen und sich damit auseinanderzusetzen. Bei heterosexuellen Jugendlichen geschieht dieser Prozess oft unbewusst, weil sie ihr »Coming out« als solches nicht wahrnehmen. Deshalb kann die Beschäftigung mit dem Thema »Wie entsteht sexuelle Identität?« für alle spannend sein und das Interesse an anderen Lebensentwürfen und -welten fördern.

Die Auseinandersetzung mit der »sexuellen Orientierung und dem Geschlecht« sollte ein Querschnittsthema in allen Arbeitseinheiten sein, die sich mit sexuellen oder partnerschaftlichen Inhalten beschäftigen. Die Darstellung der verschiedenen Geschlechter sowie der sexuellen Orientierungen ist als gleichwertig mit in die Unterrichtinhalte einzubeziehen. Schüler/innen können in der Beschäftigung dazu Gemeinsamkeiten und Unterschiede entdecken, die ihnen einen Weg zu einer eigenverantwortlichen, selbstbestimmten Sexualität weisen können.

Dabei ist die sexuelle Orientierung oder das Geschlecht des Lehrkörpers für ein gelungenes Projekt nicht entscheidend, wohl aber die Fähigkeit, sich über die eigene Haltung und Orientierung bewusst zu sein und diese stetig zu reflektieren. Die Themenschwerpunkte und Inhalte können zwar aufgrund der eigenen Geschlechtlichkeit/sexuellen Orientierung unterschiedlich sein. Das ändert aber nichts an der grundlegenden Zielsetzung, alle Schüler/innen in ihrer Unterschiedlichkeit in den Blick zu nehmen und Respekt gegenüber dem Fremden/Unbekannten zu vermitteln und das gegenseitige Interesse zu fördern.

Methodenteil

Sexuelle Identitäten im öffentlichen Raum

Zielgruppe und Zeitumfang	Ab Jahrgangsstufe 4, 2 x 90 Minuten
Intention	Kinder und Jugendliche nehmen im Alltag eine Vielzahl an Rollenmustern/Identitätsvorbildern wahr. Meist geschieht das unreflektiert. Mit dieser Methode kann Unbewusstes bewusst gemacht werden.
Ziele	Überprüfung und Erweiterung der Wahrnehmung Reflexion der eigenen (Geschlechter-)Rolle Auseinandersetzung mit Darstellung von Rollenbildern/Klischees im öffentlichen Raum und in der Werbung
Material	Zeitschriften, ggf. Kurzwerbungsfilme aus dem Fernsehen/Internet
Verlauf und Instruktion	Die Schüler/innen werden eine Woche vor Durchführung des Projekts gebeten, sich im öffentlichen Raum/Fernsehen/Internet umzuschauen und Bild-/Filmmaterial – je nach Alter nur Printmaterial – zu sammeln und mit zum Unterricht zu bringen. In Kleingruppen werden dann Collagen oder Kurzfilme zum Thema »sexuelle Identitäten« erstellt.
Nachbearbeitungs- und Einsatzmöglichkeiten	In der nächsten Unterrichtsstunde können die Kleingruppen ihre Ergebnisse präsentieren. Danach werden diese im Klassenverband ausgewertet. Was seht ihr? Waren bei der Recherche Klischees wahrnehmbar? Welche Identitäten waren euch wichtig, in die Collage zu integrieren? Warum ist es manchmal so schwer, »Ich selbst« zu sein und dazu zu stehen?
Praxistipp für Lehrer/innen	Wenn Sie noch Zeit zur Verfügung haben, können Sie weiter daran arbeiten, wie Vorurteile entstehen und was notwendig ist, um andere nicht zu diskriminieren. Das Thema »Gleichberechtigung und sexuelle Menschenrechte« könnte sich gleichfalls anschließen.

Typisch männlich/typisch weiblich – gibt es das überhaupt?

Zielgruppe und Zeitumfang	Ab Jahrgangsstufe 4, ca. 60 Minuten, ggf. in Geschlechtsgetrennten Gruppen
Intention	Fast alle Jugendlichen äußern sich, dass sie auf körperliche Fitness und sich Stylen großen Wert legen. Dennoch sind Geschlechtsunterschiede in Bezug auf »sich wohl fühlen im eigenen Körper« wahrnehmbar.
Ziele	Auseinandersetzung mit sexueller Gesundheit versus »Attraktivität durch Schönheitsoperationen, Körperklischees«
Material	Grabbelsack (z. B. Kissenbezug) zum Thema Geschlechterrollen, Aussehen Darin können alltägliche Gegenstände nach Altersgruppen enthalten sein: Spiegel, Bürste, Lippenstift, Rasierpinsel, Unterwäsche, Silikoneinlagen, Symbole für sportliche Aktivitäten wie Bälle, Hanteln etc.
Verlauf und Instruktion	Die Schüler/innen sitzen in einem Stuhlkreis und dürfen den Grabbelsack zunächst einmal abtasten, ohne hineinzusehen oder hineinzugreifen. Das erhöht die Spannung in der Gruppe. Der »Grabbelsack« wird wieder im Kreis herumgereicht und die Schüler/innen sollen nacheinander einen Gegenstand aus dem Sack herausziehen, ohne dabei in den Sack zu sehen. Dann dürfen sie sich einen Gegenstand aussuchen und herausnehmen. In der Mitte stehen vier große Kartons, auf denen zu lesen ist: »Männlich, weiblich, neutral, anders«. Die Schüler/innen sollen dann kurz etwas zum Gegenstand sagen und ihn in eine der vier Kisten einordnen. Dann zieht die nächste Person einen Gegenstand usw. Wer nichts sagen möchte, kann sich von anderen helfen lassen.
Nachbearbeitungs- und Einsatzmöglichkeiten	Sowohl während der Übung als auch im Anschluss daran, wenn alle Gegenstände in der Mitte liegen, bieten sich ausreichende Gesprächsanlässe für eine weitergehende Auseinandersetzung. Es darf auch, nachdem alle gezogen haben, über Gegenstände diskutiert werden, ggf. gibt es eine fünfte Kiste für »Strittiges«.

Sexuelle Identitäten

Praxistipp für Lehrer/innen	Diese Methode eignet sich für alle Alters- und Zielgruppen, weil sie keine kognitive Leistung, z. B. Schreibfähigkeit und Rechtschreibsicherheit, erfordert und die Gegenstände altersgemäß variiert werden können. Eine Auseinandersetzung mit der eigenen Geschlechtlichkeit und Geschlechtsunterschieden bei der Wahrnehmung der Körperlichkeit lohnt sich für jede Altersstufe. In der Praxis hat es sich als lohnenswert herausgestellt, wenn sich in einer zweiten Unterrichtsstunde je nach Altersgruppe die Themen, Stylen, Fitness und sexuelle Gesundheit anschließen.

Diese Methode wurde von Beate Martin beschrieben und in anderen Werken so oder in anderen Varianten veröffentlicht.

Bilder von Geschlecht

Zielgruppe und Zeitumfang	Ab Jahrgangsstufe 7, 30–60 Minuten
Intention	Einstieg zum Thema geschlechtliche Vielfalt
Ziele	Auseinandersetzung mit eigenen Vorstellungen von Geschlecht und mit gesellschaftlichen Rollenbildern
Material	Ausgewählte Bilder von trans- und intersexuellen Menschen
Verlauf und Instruktion	Suchen Sie in unterschiedlichen Medien (Zeitschriften, Büchern, Lehrbüchern, Internet) verschiedene Bilder von transgender/transsexuellen und intersexuellen Menschen heraus. Hängen Sie diese an unterschiedlichen Orten im Klassenzimmer auf. Jede/r einzelne Schüler/in soll an die Bilder herantreten und gegebenenfalls Gedanken zu einzelnen Bildern notieren. Arbeitsaufträge können sein: »Wie geht es dir, wenn du das Bild betrachtest?« »Was sind deine beiden ersten Gedanken, wenn du das Bild betrachtest?« Wenn der Bedarf besteht, dann können sich die Schüler/innen in Murmelgruppen zu den Bildern austauschen. Nach ca. 15 min sollen alle wieder in der Gruppe zusammenkommen. Nun können die einzelnen Eindrücke und Erfah-

Methodenteil

> rungen ausgetauscht werden. Mögliche Fragen können sein:
> »Wer möchte seine notierten Gedanken teilen?«
> »Wie ging es dir beim Betrachten der Bilder?«
> »Hast du ähnliche Bilder schon mal gesehen?«
> Abschließend kann darauf eingegangen werden, dass hinter jedem einzelnen Bild die Geschichte eines Menschen steckt. Die starren Vorstellungen von Mann und Frau können dabei sehr einschränkend und verletzend wirken, wenn Menschen diesen Rollenkonstruktionen nicht entsprechen.

Nachbearbeitungs- und Einsatzmöglichkeiten	Bei einem größeren zeitlichen Umfang kann anschließend die Aufgabe gestellt werden, eine mögliche Geschichte zu einem Menschen auf den Abbildungen zu schreiben. Variante: Zunächst werden die Bilder einzeln betrachtet. Anschließend bilden sich Gruppen zu drei Schüler/innen und tauschen sich über ihre Eindrücke und ihre Fragestellungen aus. Die Diskussionen aus den Gruppen werden daraufhin im Plenum präsentiert.
Praxistipp für Lehrer/innen	Je nach Zielgruppe können entsprechende Personen herausgesucht werden, so dass ein möglicherweise leichterer emotionaler Zugang zu den Bildern geschaffen werden kann. Des Weiteren empfiehlt es sich, die Methode anzuwenden, wenn bereits vorher Thematisierungen zu Geschlechterrollen stattgefunden haben, da diese einen guten Anknüpfungspunkt darstellen. Tipp: Stellen Sie sich beim Heraussuchen und Betrachten der Bilder die gleichen Fragen wie in der Methode. Ein Blick in/auf die eigenen Vorstellungen lohnt sich immer. Ein gutes Buch für einen großen Fundus an Bildern, welches im Unterricht benutzt werden kann, ist: Swan, Rebecca, 2004: Assume Nothing. Tübingen. Kurzfilme zum Thema gibt es auch für Jugendliche beim Medienprojekt Wuppertal (Queer gefilmt 1 und 2).

Diese Methode wurde neu arrangiert und eingereicht von Danilo Ziemen, Sexualpädagoge und Sexualwissenshaftler im Institut für Sexualpädagogik.

Sexuelle Identitäten

Wenn es doch immer einfach wäre ...

Zielgruppe und Zeitumfang	Ab Jahrgangsstufe 8, ca. 90 Minuten
Intention	Die Schüler/innen sollen angeregt werden, sich mit dem Erwerb von sexueller Orientierung auseinanderzusetzen und zu verstehen, dass es normal sein kann, wenn widersprüchliche Gefühle auftauchen.
Ziele	Auseinandersetzung mit der eigenen Identität. Sensibilisierung für widersprüchliche Gefühle
Material	Fallbeispiele (siehe Anhang), Stifte
Verlauf und Instruktion	Die Klasse wird in Kleingruppen aufgeteilt. Jede Gruppe erhält ein Fallbeispiel, welches sie in den Gruppen besprechen sollen. Dabei sollen sie wie folgt vorgehen: 1. Welche Assoziation/welche Gefühle gehen dir durch den Kopf, wenn du dir die Situation vorstellst? 2. Was denkst du, wie sich die an der Situation Beteiligten fühlen? Anders oder genauso wie du? Überlegt euch, welches weitere Verhalten ihr für ratsam haltet? Gebt möglichst konkrete Tipps. Dafür haben die Gruppen 30 Minuten Zeit.
Nachbearbeitungs- und Einsatzmöglichkeiten	Nach Beendigung der Kleingruppenphase stellen alle Gruppen ihre Fallbeispiele und Lösungsvorschläge nach und nach vor. Im Anschluss daran kann diskutiert werden, woran Menschen ihre sexuelle Orientierung erkennen können. Es kann daraus ein gemeinsamer Kriterienkatalog entstehen, der verdeutlicht, wie vielschichtig und auch uneindeutig sexuelle Orientierung sein kann und an welchen Stellen Probleme auftreten können.
Praxistipp für Lehrer/innen	Bitte beachten Sie, dass sich betroffene Schüler/innen in der Klasse befinden können, die diese oder ähnliche Situationen schon erlebt haben. Sie sollten darauf achten, dass keine diskriminierenden Äußerungen unkommentiert stehen bleiben.

Diese Methode wurde von Andreas Häner und Beate Martin, pro familia Münster, entwickelt und ist hier erstmalig veröffentlicht.

Fallbeispiele sexuelle Orientierung

Thomas (12) ist etwas ängstlich und hat keine Lust auf Ballsportarten. Daher wird er immer als letzter in eine Mannschaft gewählt und als Mädchen oder schwules Weichei bezeichnet. Er hat mittlerweile jeden Morgen Angst, zur Schule zu gehen.

Die Katze von Moritz (13) ist letzte Woche gestorben und er hat sich bei seiner besten Freundin Lisa ausgeheult. Sie hat ihn zwar lieb getröstet, aber er ist sich sicher, dass sie ihn jetzt für ein richtiges Weichei hält. Er hat Angst, dass Lisa die Geschichte anderen weitererzählt. Er schämt sich und weiß nicht, wie sie reagieren wird, wenn sie sich das nächste Mal sehen.

Oliver (14) hatte in der Schule noch nie viele Freunde. Er versteht sich aber sehr gut mit Mädchen und verbringt viel Zeit mit ihnen. Dies finden die anderen Jungen nicht gut. Er weiß auch nicht genau, woran das liegt. Ob er vielleicht schwul ist? Er leidet sehr darunter, denn er will kein Außenseiter sein. Er sagt, er würde sich nie trauen, mit jemandem über seine Gefühle zu sprechen. Schon gar nicht würde er einen Jungen ansprechen, der ihm gefällt. Für seine Eltern, so denkt er, wäre es sicher auch eine Riesenenttäuschung, wenn sie davon erfahren würden.

Anne (17) ist in ihre beste Freundin Laura verliebt. Ihre Verwandten fragen sie immer: »Na, Anne, was machen die Männer? Wann bringst du uns denn mal einen Jungen ins Haus?« oder »Wann lernen wir denn mal deinen Freund kennen?«
Sie hat Angst zu sagen, dass sie in ein Mädchen verliebt ist.

Nina (15) ist seit einer Woche mit einem süßen Typen zusammen. Er ist total lieb und eigentlich ein ganz normaler Junge. Aber eines ist komisch: Er zupft sich die Augenbrauen, rasiert sich die Beine, benutzt Pflegeprodukte und viel Haargel. Das ist doch merkwürdig, oder? Ist er vielleicht ein Transvestit? Wie kann sie ihn darauf ansprechen, ohne ihn zu verletzen?

Martin (13) ist absoluter Musikfan. Er findet die Sänger, die sich schminken, irgendwie cool. Deshalb traut er sich manchmal die Augen mit Kajalstift zu schminken, wenn er sich mit Freunden trifft. Inzwischen zweifeln seine Freunde und fragen, ob er 'ne Schwuchtel sei. Aber dabei ist er doch in Julia verliebt und möchte ihre Aufmerksamkeit erregen.

Sexuelle Identitäten

Jan (5) verkleidet sich gerne und will immer mal wieder in einem Kleid in die Kita gehen. Die Eltern haben es ihm einmal erlaubt und mussten sich viele unschöne Kommentare von den Nachbarn, den anderen Eltern und den Erzieherinnen im Kindergarten anhören. Auch den älteren Geschwistern Paul (11) und Katrin (12) ist dies ziemlich peinlich, denn sie werden deswegen dauernd von ihren Mitschüler/innen gehänselt.

Maike (16) versteht sich mit Jungen besser als mit ihren Freundinnen. Auch als Kind konnte sie mit Jungenspielen viel mehr anfangen. Mädchen fand sie schon immer langweilig. Auch kleidet sie sich lieber maskulin. Auf einmal bemerkt sie, dass sie sich in die Freundin eines guten Freundes verliebt hat und ist irritiert.

Liebe, Freundschaft und Partnerschaft

Einleitung

Diesem Kapitel liegen vier neuere Jugenduntersuchungen zu Grunde. Nennenswert ist an erster Stelle die repräsentative Wiederholungsbefragung der Jugendsexualitätsstudie 2015 von der Bundeszentrale für gesundheitliche Aufklärung. Erstmalig wurden bei den Schwerpunkten Sexualaufklärung und Verhütung nicht nur die Gruppe der 14- bis 17-Jährigen befragt, sondern auch junge Erwachsene im Alter zwischen 18 bis 25 Jahren. Daran schließt sich thematisch die durchaus seriöse Bravo Dr. Sommer-Studie 2016 der Bauer Media Group (11–17-Jährige) an. Somit liegt hinreichend gutes belastbares Datenmaterial zu den Themenfeldern dieses Kapitels vor.

Darüber hinaus bieten die SINUS-Milieu-Studie 2016 »Wie ticken Jugendliche?« und die 17. Shell Jugendstudie 2015 ein ausdifferenziertes Bild zu den Themen Liebe, Freundschaft und Partnerschaft. Damit wird dem Vorwurf begegnet, die deutsche Forschung sei zu sehr an der Mittelschicht orientiert, während die Problemlagen von Kindern und Jugendlichen an den gesellschaftlichen Rändern zu wenig Berücksichtigung finden. Die qualitative Erhebung des SINUS-Instituts fokussiert auf die 14–17-Jährigen und wartet mit einem neuen Forschungsinstrument auf, dem »Participatory Youth Research«, bei denen die Jugendlichen durch andere Jugendliche befragt wurden. Bekannt sind die SINUS-Milieustudien durch ihre Lebensweltmodelle, die sich zusammensetzen aus Daten zu Werten, Lebensstilen und sozialer Lage. Ergänzt durch die umfangreiche 17. Shell Jugendstudie 2015, die sich auf eine repräsentativ zusammengesetzte Stichprobe von 2.558 Jugendlichen im Alter von 12 bis 25 Jahren aus den alten und neuen Bundesländern stützt, dürfte es sich bei der Jugend in Deutschland wohl um die aktuell am besten beforschte der Welt handeln.

Partnerschaften: Kürzer, länger oder noch gar nicht

Im Jugendalter bekommt das Verliebtsein eine neue Qualität, denn eine Paarbeziehung wird durch die Möglichkeit sexuellen Erlebens bereichert, eine wichtige Entwicklungsaufgabe zusätzlich zur Übernahme von Geschlechterrollen und der Akzeptanz des eigenen Körpers. Neben der Überprüfung der Geschlechterrolle, der Akzeptanz des eigenen Körpers gewinnt das Aufnehmen und Erproben von Beziehungen an Bedeutung. Sie ermöglichen die Erfahrung emotionaler Sicherheit und Stabilität sowie Selbstverwirklichung und Selbständigkeit (Calmbach et al 2016: 304) in der schwierigen Phase der Pubertät. In der SINUS-Studie äußerten die Jugendlichen zu diesem Thema, dass sie die Befragung als sehr privat empfinden und nicht mit einem Fremden besprechen möchten. Deshalb hat sich die o. g. Form der peer-to-peer-Interviews zum Thema Beziehung sehr bewährt. Mit dem besten Freund/der besten Freundin fiel es den Jugendlichen leichter, offen zu sprechen. Insbesondere im Hinblick darauf, in Erfahrung zu bringen, wie lange Beziehungen im Freundkreis halten und wie viele Beziehungen Einzelne schon eingegangen sind (ebd.: 306). In der Untersuchung der BZgA wurde nach dem Vorhandensein einer Beziehung gefragt, also dem aktuellen Beziehungsstatus. Bei den 14–15-jährigen Mädchen sind dies 17 % (Jungen 11 %), während es bei den 16–17-jährigen Mädchen dann schon 45 % (Jungen 32 %) sind (Heßling/Bode 2015: 52). Das Forschungsteam um Bravo-Dr-Sommer fragte: »Hattest du schon mal einen festen Freund/eine feste Freundin, bzw. einen Jungen/ein Mädchen, mit dem zu zusammen warst?« Dieses bejahten 58 % der sechzehnjährigen Mädchen und 52 % der Jungen (Bauer Media Group 2016: 22). 90 % der Jugendlichen im Alter von 16 Jahren waren schon mindestens einmal verliebt (ebd.: 21). Aber auch etwa die Hälfte der befragten Jugendlichen gaben in den Interviews der SINUS-Untersuchung an, noch keine Beziehung geführt zu haben. So lässt sich eine hohe Kongruenz der Daten der unterschiedlichen Forschungsdesigns konstatieren. Die Beziehungsdauer variiert dabei erheblich von »recht frisch« über »einige Wochen« bis hin zu »einigen Monaten« (Heßling/Bode 2015: 52). Im Rahmen der SINUS-Studie berichtete ein Teil der Interviewten auch von mehrjährigen Beziehungen (Calmbach et al 2016: 306).

Spannende Befunde finden sich auch in der Akzeptanz gleichgeschlechtlicher Liebe. Zum besseren Verständnis sei an dieser Stelle eine Aussage (weiblich, 17 Jahre) aus dem sozialökologischen Milieu zitiert: »*Aber an sich, finde ich, wird hier in Deutschland ein bisschen intolerant damit umgegangen. Ich verstehe einfach nicht, was ist das Problem an der Homo-Ehe?*« (Ebd.: 312). »Bravo« fragte: »Wie findest du eigentlich gleichgeschlechtliche (schwule/lesbische) Liebe?« 86 % der Mädchen und 80 % der Jungen äußerten sich hierzu durchaus tolerant: »Ist für mich okay, jeder soll lieben, wen er mag« (Bauer Media Group 2016: 25). Sowohl bei der BZgA als auch in der SINUS-

Studie beziehen sich die Daten/Ergebnisse auf heterosexuelle Partnerschaften, jeweils nur 1 % auf gleichgeschlechtliche Beziehungen. In der SINUS-Studie berichten aber vor allem Mädchen, auch schon mal eine gleichgeschlechtliche Beziehung geführt zu haben, was die Autor/innen mit jugendlichen Suchbewegungen erklären (Calmbach et at 2016: 310).

Jugendliche wünschen sich stabile Beziehungen, Vertrauen und Treue

»Wer zweimal mit der Gleichen pennt gehört schon zum Establishment?« Dieser Spruch, der in den 1970er Jahren von der Kommune 1 verbreitet wurde, betraf schon damals nur einen Bruchteil der westdeutschen Bevölkerung. Als Resümee der aktuellen Jugendsexualitätsbefragungen scheint das heutzutage nicht einmal mehr bei einem Bruchteil zutreffend zu sein. Im Gegenteil, das häufige Wechseln von Beziehungspartner/innen gilt als verpönt. Es ist bei Jugendlichen weder erwünscht noch besonders positiv besetzt bzw. erstrebenswert (Calmbach et al 2016: 306). Das entscheidende Merkmal für eine »gute« Beziehung ist Vertrauen (Interviewausschnitte: »Das man sich gegenseitig vertraut«/»Dass man sich vertraut«/»Vertrauen ist wichtig«/»Ich glaub generell, dass Vertrauen wichtig ist« usw.).

Das spiegelt sich auch in einer Frage der Bravo-Dr.-Sommer-Studie wieder: »Was wäre für dich ein Grund, eifersüchtig zu sein?« Dazu äußern 88 % der Mädchen und 74 % der Jungen, dass dieses für sie beim Küssen eines anderen Partners/Partnerin eintreten würde. Die Autor/innen der Bauer Media Group (2016: 24) konstatieren zudem, dass es für viele Jugendliche undenkbar sei, in einer Beziehung Sex mit einem anderen Partner/in zu haben (Mädchen: 85 %/Jungen: 73 %). Die rote Karte gibt es bereits für das Fremdküssen. In der Jugendsexualitätsstudie der BZgA wurde auf die Frage: »Wie ist ihre Einstellung zu sexueller Treue in einer Partnerschaft?« Folgendes geäußert: 80 % der Mädchen und 67 % der Jungen erachten diese als »unbedingt notwendig«, weitere 17 % der Frauen und 28 % der Männer zumindest als »wünschenswert« (Heßling/Bode 2015: 149). Zu einem ähnlichen Resultat kommen auch die Autor/innen der Shell-Studie: »Der Wert einer Partnerschaft besteht für alle Jugendlichen ausnahmslos darin, einem anderen Menschen absolut vertrauen zu können« (Leven/Utzmann 2015: 293). Ein Junge erklärt: »Vor Freunden muss man, trotz aller Offenheit, eine gewisse Coolness bewahren, einer Freundin/Partnerin gegenüber kann man sich ganz vertraulich offenbaren, weil man sich auf Gemeinsamkeiten verlassen kann« (ebd.: 294). Betrug oder Verrat hingegen sind ein absolutes »no go« in einer Vertrauensbeziehung. Insbesondere Mädchen und junge Frauen betonen deshalb die Bedeutung wechselseitiger Treue für die Partnerschaft (ebd.: 295).

Im Langzeit-Trend betrachtet hatten 1980 29 % der Jungen bisher »nur« eine Partnerin, während es 2014 43 % sind. Allerdings gibt es bei beiden Geschlechtern auch eine Gruppe, die schon in jungen Jahren viele verschiedene Sexualkontakte hatte (Mädchen aktuell 11 %, Jungen 20 %) (ebd.: 148). Vergleicht man die Ergebnisse aller vier Studien wird deutlich, dass Jugendliche ein hohes Interesse an konstanten Beziehungen haben. Von einer »wertelosen Jugend« kann keinesfalls gesprochen werden. Aber durch die Möglichkeit, Vielfalt in unserer Gesellschaft zu leben und unter Berücksichtigung der sehr unterschiedlichen Lebenswelten heutiger Jugendlicher wird deutlich, dass es *die* Jugend nicht gibt. Schule als Sozialisationsinstanz muss auch im Bereich Freundschaft, Beziehung und Partnerschaft einen Teil sozialen Lernens ermöglichen.

Erwartungen in der Partnerschaft

Die Shell- Studie eruierte die Wünsche in Bezug auf Liebe und Partnerschaft der Jugendlichen in den letzten fünf Jahren. Jugendliche bestätigen, dass sie vor allem eine feste Beziehung im Blick haben. Auch die heutigen Singles möchten perspektivisch in einer festen Beziehung leben. Kurze Abenteuer sind nicht das, was sie auf Dauer als zufriedenstellend empfinden. Auch die 12- bis 14-Jährigen äußern diesen Wunsch (Leven/Utzmann 2015: 297). Für die Älteren geht es dann um noch mehr, nämlich »die/den Richtige/n« zu finden – die Suche nach Mr und Mrs Right (ebd.: 298).

> Marvin, 17 Jahre, Single: »Es wäre mir sehr lieb, dann in einer festen Beziehung zu sein, in der man sich gegenseitig vertrauen kann. Ist selbsterklärend, finde ich« (ebd.: 298).

Während in der Untersuchung des SINUS-Instituts in den eher postmodernen[7] Milieus darauf geachtet wird, dass die Entfaltung der eigenen Persönlichkeit nicht von einer Partnerschaft »behindert« wird, ist man in traditionelleren Milieus[8] eher zu Kompromissen in der Beziehung bereit. Dazu zählen auch mal zurücktreten zu können oder Füreinander-Dasein. Diese werden als wichtiger als die persönliche Freiheit eingestuft (Calmbach et al 2016: 316/318). Jugendliche aus der prekären[9] Lebenswelt sind deutlich früher an gegengeschlechtlichen Beziehungen interessiert. Teils aus schwierigen Familiensituationen kommend, soll der »Wunsch nach Stabilität, der weder in der Familie noch völlig zuverlässig im Freundeskreis eingelöst wird, in der romantisch idealisierten Zweierbeziehung erfüllt werden«. Die Gründung einer Familie kann auch etwas

---

7 Postmoderne Milieus umfassen die Lebenswelten der Expeditiven, die als erfolgs- und lifestyleorientierte Networker auf der Suche nach Grenzen und unkonventionellen Erfahrungen beschrieben werden, sowie die experimentalistischen Hedonisten, die als spaß- und szeneorientierten Nonkonformisten mit Fokus auf Leben im Hier und Jetzt als Milieubeschreibung ausgewiesen werden.
8 Konservativ-Bürgerlich: Die Familien- und heimatorientierten Bodenständigen mit Traditionsbewusstsein und Verantwortungsethik.
9 Prekäre: Die um Orientierung und Teilhabe bemühten Jugendliche mit schwierigen Startvoraussetzungen und Durchbeißermentalität.

Gelingendes darstellen, was in vielen anderen Lebensbereichen eher nicht zu erwarten ist (ebd.: 325). Zur Visualisierung und damit zum besseren Verständnis folgt an dieser Stelle eine Grafik zu den Milieus der SINUS-Studie 2016: »Wie ticken Jugendliche?«

SINUS-Lebensweltenmodell u18
Lebenswelten der 14- bis 17-Jährigen in Deutschland

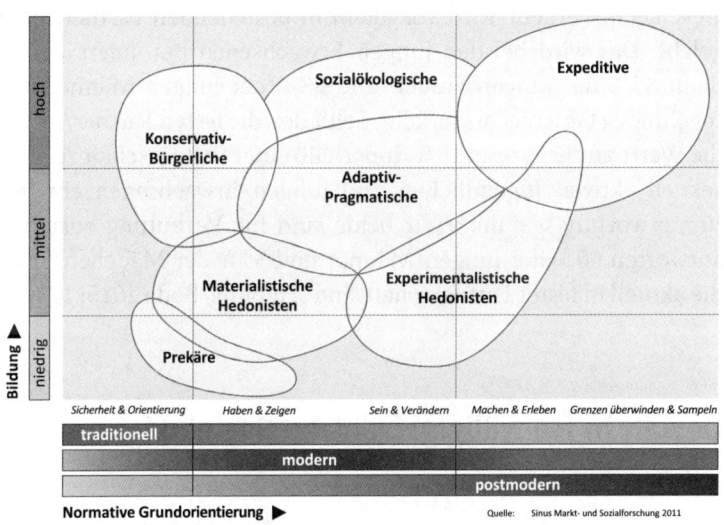

Für die meisten Jugendlichen über alle Milieus hinweg stellen die Eltern das Vorbild für eine ideale Partnerschaft dar, was sich im Positiven vor allem auf die Beständigkeit, die Fähigkeit, mit Meinungsverschiedenheiten und Unzulänglichkeiten umzugehen, und die wechselseitige Wertschätzung begründet. Aber auch das negative Vorbild ist möglich, z. B. Streit und Trennung der Eltern und der Reaktion, es auf keinen Fall so machen zu wollen wie diese (ebd.: 331/332).

Jenseits von Beziehungen ist die Peer-Group sowie die beste Freundin/der beste Freund ein stabilisierender Faktor in »stürmischen Zeiten«. Auch erwachsene Vertrauenspersonen gewinnen in Abhängigkeit anderer Bezugspersonen zunehmend an Bedeutung.

Sexualität wird in Beziehungen gelebt

Geschlechtsverkehr wird vor allem in bestehenden Partnerschaften gelebt. Das wird bei den jungen Erwachsenen besonders deutlich, denn 85 % der jungen Frauen und 83 % der jungen Männer haben regelmäßig Geschlechtsverkehr. Fehlt der/die feste Partner/in, fallen die Werte auf 13 % resp. 19 %. Innerhalb einer Partnerschaft zeigen die sexuell aktiven Jugendlichen und jungen Erwachsenen ein hohes Verantwortungsgefühl: »Wir beide sind für Verhütung zuständig«, antworten 60 % der Jungen/Männer und 54 % der Mädchen/Frauen, die aktuell in fester Partnerschaft sind (Heßling/Bode 2015: 173/174).

Gewalt in freiwillig gewählten Beziehungen

Ein Großteil der Jugendlichen erachtet Liebe und Vertrauen, also Ideale von romantischen Beziehungen, als erstrebenswert. Dabei darf nicht übersehen werden, dass im Führen von Beziehungen Erfahrungen notwendig sind, die positiv und negativ sein können. Eine Studie der Hochschule Fulda verdeutlicht, dass mehr als 60 % der befragten Jugendlichen mindestens einmal Formen von grenzüberschreitendem Verhalten oder Gewalt in ihren ersten Beziehungen erlebt haben. Selbst Jugendliche in der 8. oder 9. Klasse sind davon betroffen. Es wurden Formen von Gewalt in allen untersuchten Schultypen gefunden.

Mehr als 60 % der Mädchen und über 50 % der Jungen berichteten von emotional schwierigen Situationen, die ihr Wohlbefinden deutlich beeinträchtigen (Blättner et al 2013: 4). Das Phänomen wird auch unter dem angloamerikanischen Terminus des Teen-Dating-Violence beschrieben. Dieser Themenkomplex kann im Klassenverband gut erarbeitet werden, da Jugendliche sich meistens als erstes an Freundinnen und Freunde wenden, wenn sie Hilfe suchen. Die Lehrkraft ist selten die erste Wahl des Vertrauens. Dennoch können Schülerinnen und Schüler für das Thema sensibilisiert werden. Dabei geht es nicht darum, schlechte Erfahrungen grundsätzlich vermeiden zu können, sondern um den Erwerb eines Bewusstseins für krisenhafte Situationen. Diese können eben auch in Freundschaften und Beziehungen entstehen und entsprechen nicht den Wünschen nach einem romantischen Liebesideal. Neben anderen Gewaltphänomenen können auch sexuelle Grenzverletzungen oder Übergriffe in freiwillig gewählten Beziehungen und Situationen auftreten. Laut der Jugendsexualitätsuntersuchung der BZgA haben 7 % der Mädchen sexuelle Gewalt in einer festen Beziehung erlebt (Heßling/Bode 2015: 198). Je unbekannter ein/e Partner/in ist oder je jünger die beteiligten Personen sind, desto eher besteht das Risiko, dass leichtere oder schwere Formen von sexueller Gewalt vorkommen können.

Bindung oder Autonomie: Eine Frage der Herkunft

Die benannten Studienergebnisse zeigen, dass Liebesbeziehungen für Jugendliche einen wichtigen Entwicklungsschritt darstellen und von vielen von ihnen gelebt werden. Dabei stellen Treue und Vertrauen zentrale Werte da, und auch Eifersucht ist ein häufig zu beobachtendes Phänomen. Wie stark das Thema Bindung (und Kompromisse) versus Autonomie verhandelt wird, hat auch schichtspezifische Hintergründe. Viele Jugendliche leben das sogenannte Modell der seriellen Monogamie. Das bedeutet, dass sie zwei oder mehrere Partnerschaften hintereinander führen. Trotz der Vorstellung romantischer Liebe, befinden sich Jugendliche in einer Suchbewegung. Dabei ist Treue für die meisten ein Wert, der ihnen wichtig ist. Serielle Monogomie vereint beides und deshalb unterscheidet sich Jugendsexualität auch von denen der Erwachsenen. Auch bei einer kurzzeitigen Beziehung wird die Treue auf der Werteskala sehr hoch angesiedelt. Aber es braucht Erfahrungen, bis Jugendliche die richtige Form der Beziehung und die/den entsprechende/n Partner/in gefunden haben.

Methodenteil

Versöhnungsrunde

Zielgruppe und Zeitumfang	Ab Jahrgangsstufe 4, ca. 20 Minuten
Intention	Die Schüler/innen angeleitet ins Sprechen bringen, dabei Ideen für Gesprächseröffnungen sammeln, die einer partnerschaftlichen Kommunikation dienen.
Ziele	Ziel der Methode ist, »Handwerkszeug« für die Pubertät zu erlangen, um streit- sowie gewaltfrei kommunizieren zu können.
Material	Stühle/Stuhlkreis
Verlauf und Instruktion	Alle Schüler/innen sitzen im Kreis. Eine Person steht auf, geht zu jemandem ihrer/seiner Wahl und sagt einen selbst formulierten Versöhnungssatz. Die angesprochene Person steht auf und gibt dem anderen/der anderen wortlos die Hand. Die Person, die durch die Mitte gelaufen ist, setzt sich nun auf den Stuhl und die andere Person, die aufgestanden ist, sucht sich eine neue Person aus, um sich zu entschuldigen. Das Ritual geht weiter. Jede/r darf nur einmal drankommen. Wenn alle einmal durch den Kreis gelaufen sind und einen Versöhnungssatz gesagt haben, ist die Übung beendet. Es geht nicht um echte Versöhnung innerhalb der Gruppe, sondern um Sätze zu sprechen, zu hören, die man anwenden könnte, um einen ersten Schritt zu machen, sich zu entschuldigen, zu versöhnen, zu verschwistern.

Nachbearbeitungs- und Einsatzmöglichkeiten	Variante: Diese Übung kann man auch derart nutzen, dass sich einzelne Personen etwas »Nettes« sagen (allerdings vor der ganzen Klasse). Sie ist somit spontan im Schulalltag wiederholt einsetzbar.
Praxistipp für Lehrer/innen	Falls es zu lustig wird, für eine gewisse Ernsthaftigkeit plädieren. Da ein Wettkampfcharakter fehlt, ist diese Übung nicht einfach zu spielen. Der Handschlag darf nicht vergessen werden und er muss schmerzfrei geschehen, sonst muss derjenige wieder zurück auf seinen Platz und mit einer neuen Person das Ritual von vorne anfangen, solange bis er/sie es schmerzfrei schafft.

Diese Methode wurde eingereicht von Dirk Simon, pro familia Rüsselsheim und Institut für Sexualpädagogik.

Ausreden sammeln – Von Absagen, Ausreden und Körben

Zielgruppe und Zeitumfang	Ab Jahrgangsstufe 7, von 20 Minuten bis 2 Stunden
Intention	Vielfältige Ideen diskutieren innerhalb der Geschlechtergruppe und gemischtgeschlechtlich
Ziele	»Handwerkszeug« für die Pubertät erlangen; Strategien im Umgang mit Liebeskummer erlernen
Material	Stifte und Plakate sowie 2 Räume
Verlauf und Instruktion	1. Schritt Eine Mädchen- und eine Jungengruppe sammeln Ausreden, um auf eine Datinganfrage nicht eingehen zu müssen. Es geht in erster Linie nicht um sexuelle, verbale Übergriffe, sondern echte Flirtversuche. So sollte eine angemessene, freundliche, lustige Absage gesucht werden. Auch coole Sprüche sind zugelassen. Nach ca. 10–20 Min. treffen sich beide Gruppen wieder in einem Raum und lesen abwechselnd ihre Aussagen vor. Wer die meisten Aussagen gesammelt hat gewinnt.

Liebe, Freundschaft und Partnerschaft

> **2. Schritt**
> Die Jungengruppe geht mit dem Plakat der Mädchen und die Mädchen gehen mit dem Plakat der Jungen in ihren jeweiligen Raum zurück und bewerten von 1 bis ... die Aussagen unter Gesichtspunkten wie glaubwürdig, eindeutig, freundlich etc. Dafür sollten sich die beiden Gruppen Zeit nehmen, eine gute Gruppendiskussion in der jeweiligen Mädchen-/Jungengruppe darf entstehen. Die getrennt-geschlechtlichen Gruppendiskussionen finden ohne Spielleitung statt. Nach der Nummernvergabe treffen sich alle wieder in einem Raum und präsentieren ihre Favoriten und die No-Go's. Evtl. kann eine zweite (ernstere) Runde eingeläutet werden.

Nachbearbeitungs- und Einsatzmöglichkeiten	Fortführung des Themas: In den getrenntgeschlechtlichen Gruppen können nun wieder auf Plakaten, gerne mit pädagogischer Anwesenheit und Hilfestellung, Möglichkeiten der Verarbeitung der Absage erarbeitet und aufgeschrieben werden. Im Anschluss wieder Zusammenkunft und Austausch. Variante: In Rollenspielen auf sexuell-verbale Übergriffe antworten, dabei auf gute Lautstärke und starke Präsens achten.
Praxistipp für Lehrer/innen	Keine diffamierenden Aussagen zulassen, die Aussagen zählen, jedoch nicht bewerten.

Diese Methode wurde eingereicht von Dirk Simon, pro familia Rüsselsheim und Institut für Sexualpädagogik.

Flirtduell

Zielgruppe und Zeitumfang	Ab Jahrgangsstufe 7, ca. 15 Minuten
Intention	Auflockerung, Spaß bei einem schambesetzten Thema entwickeln
Ziele	Sprachfähigkeit beim Kennenlernen und/oder Dating, Auseinandersetzung mit (sexueller) Vielfalt

Methodenteil

Material	Keins, jedoch sollten alle Schüler/innen in einer Reihe stehen können
Verlauf und Instruktion	Eine Mädchen- und eine Jungengruppe stehen in einer Reihe, die Jungen auf der einen, die Mädchen auf der anderen Seite und schauen in entgegengesetzte Richtungen. Das Mädchen und der Junge, die in der Mitte stehen, mit dem Rücken auf ca. 2m Abstand zu einander, drehen sich auf ein Kommando der Lehrkraft um und der Junge/das Mädchen sagt einen Anmachspruch. Wer startet, wird vorher festgelegt. Der oder die Andere antwortet darauf angemessen. Wenn jemand lacht, verliert man und muss mit der anderen Person auf diese Seite wechseln. Den ersten Satz beim nächsten Flirtduell sagt nun die andere Seite, also immer abwechselnd. Ziel ist es, eine Gruppe auf beispielsweise 5 Teilnehmer zu verkleinern oder bei viel Spielzeit ganz aufzulösen. Wenn sich im weiteren Spielverlauf ein Junge/Junge oder Mädchen/Mädchen gegenüberstehen, läuft das Flirtduell ganz normal weiter.
Nachbearbeitungs- und Einsatzmöglichkeiten	Auflockerungsübung, auch für zwischendurch. Variante: Aus der Arbeit mit Kindern als Grimassenduell bekannt. Gleiche Regeln, aber anstatt eines Flirtspruches und einer Antwort darauf werden Grimassen duelliert.
Praxistipp für Lehrer/innen	Auf sprachliche Grenzen achten (keine Beleidigungen), aber auch das erotische Flirten akzeptieren. Keine aufklärerischen Kommentare seitens der Spielleitung, sonst geht der Spaß verloren. Darauf hinweisen, dass Flirtsprüche auch mal positiv beantwortet werden können.

Diese Methode wurde eingereicht von Dirk Simon, pro familia Rüsselsheim und Institut für Sexualpädagogik.

Sexuelle Vielfalt

Schule und Vielfalt

Wie schon in der Einleitung dargelegt, gab es deutliche Signale auf rechtlicher und nationaler Ebene, die Rechte von Betroffenen zu stärken und potentielle Menschenrechtsverletzungen sichtbar zu machen. Trotzdem löst das oben Beschriebene zwiespältige Gefühle aus, wenn es um die Aufnahme des Themas im Unterricht an der Schule geht. Doch in einer demokratischen Gesellschaft ist gerade die Schule der Ort, wo sich mit unterschiedlichen Lebens- und Liebesweisen und ihrer immanenten Gleichwertigkeit befasst werden sollte. Das ist eine große Herausforderung, die nicht nur im »Aushalten« des Anderen besteht, sondern auch die eigene Orientierung betrifft, in einer pluralistischen Gesellschaft seinen eigenen Platz zu suchen und sich immer wieder neu zu (er-)finden. In einer solchen politischen und sozialen Umgebung kann und darf sich Schule nicht darauf beschränken, ein einziges Lebensmodell zu propagieren (Lüpkes/ Oldenburg 2015: 27). Hier wird auch die politische Dimension sexueller Bildung deutlich, denn »das Ringen um Gerechtigkeit im Allgemeinen und Geschlechtergerechtigkeit im Besonderen ist ein zentrales Merkmal einer Demokratie« (ebd.). In der schulischen Sexualpädagogik ist entscheidend, dass ein auf gesellschaftliche Diversität angelegter Unterricht stattfindet, der homosexuelle wie bi- und transsexuelle Lebensweisen berücksichtigt (Schriever 2013: 132).

Gesamtgesellschaftliche Errungenschaften und breite öffentliche Liberalität müssen, wie wir weiter oben gesehen haben, nicht miteinander einhergehen. Auch die ganz individuelle Selbst- und Fremdwahrnehmung kann – völlig unbeabsichtigt – auseinandergehen. So ist uns in vielen Gesprächen mit Lehrerinnen und Lehrern die Position begegnet, bei offensichtlichen Diskriminierungen gleich welcher Art intervenieren zu wollen, und das sollte gerade in der Schule eine klare Position sein. Die Parteilichkeit der Lehrkräfte im Sinne der Menschenrechte ist hier gefordert, denn jede freie Meinungsäußerung findet Grenzen in diskriminierenden Botschaften. Die Lebensrealität schwuler Jugendlicher sieht anders aus: Etwa ein Drittel der Lehrkräfte macht sich gelegentlich sogar selbst lustig, wenn sich Schüler oder Schülerinnen nicht geschlechtskonform verhalten, nur 4 % der Klassenlehrer/innen haben regelmäßig interveniert, wenn homophobe Schimpfwörter verwendet wurden, und zeigten dadurch, dass sie dies nicht dulden (Klocke 2016: 3).

Bei den Schülerinnen und Schülern ergibt sich ein ähnliches Bild, so zeigt die Dr.-Sommer-Studie 2016 (Bauer-Media-Group 2016: 25) ein hohes Maß an Toleranz bei der Selbstauskunft Jugendlicher zu der Frage: Wie findest du gleichgeschlechtliche (schwul/lesbische) Liebe? 86 % der Mädchen und 80 % der Jungen entscheiden sich für die Antwort: »Ist für mich okay, jeder soll lieben, wen er mag!« Doch mit der Akzeptanz sexueller Vielfalt an Berliner Schulen sieht es im tatsächlichen Diskriminierungserleben etwas anders aus: Ungefähr die Hälfte aller Schülerinnen und Schüler zeigten diskriminierendes Verhalten gegenüber Mitschülerinnen und Mitschülern, wenn diese sich nicht geschlechtskonform verhalten (ebd.). Nach einer britischen Studie erlebten 64 % der Transmänner und 44 % der Transfrauen Diskriminierung in der Schule (Nordt/Kugler 2012: 41). Die erhöhte Suizidalität (4–6-fach) ist auch neun von zehn Klassenlehrer/innen nicht bewusst. Naheliegend ist daher, dass der Leidensdruck von LSBTI-Schüler/innen von den Lehrkräften deutlich unterschätzt wird (Klocke 2016: 4).

Auch bei der Auswahl von Schulbüchern können Schulen und Lehrkräfte einen Beitrag leisten, indem sie prüfen, ob die Lehrwerke Gleichberechtigung und sexuelle Vielfalt berücksichtigen. Grundgesetz und Schulgesetze der Bundesländer regeln u. a., dass Schulbücher nicht diskriminieren dürfen. In einer Untersuchung wurden 19 Schulbücher für die Fächer Englisch und Biologie analysiert. Fazit: Die Englischbücher stellten ausschließlich heterosexuelle Lebenswelten dar, die Biologiebücher benannten zumindest Homosexualität, die jedoch durchweg männlich dargestellt war. Ein einziges Buch hatte eine Definition zu Intersexualität, ein weiteres Buch eine falsche Definition zu Transsexualität. Aktives (Mit-) Gestalten ist hier also vonnöten, denn die Schulbücher hinken dem Diskussionsstand hinterher (Jenter/Gützkow 2013: 23).

Kleine Auswahl an Begriffen

Während es im Kapitel »Sexuelle Orientierungen« um das Begehren eines Menschen ging, stehen hier der Körper (biologisches Geschlecht mit dem Thema Intersexualität), die Identität (psychisches Geschlecht mit dem Thema Transsexualität) und die Rolle (soziales Geschlecht mit dem Thema Transgender) im Vordergrund. Was wir hier in diesem Buch in zwei Kapitel aufgeteilt haben, wird ansonsten unter dem Kürzel LSBTTIQ* (lesbische, schwule, bisexuelle, Trans*-

und Inter*- sowie queere Menschen subsummiert. Das Akronym ist ohne Queer (LSBTTI*) ebenso zu finden wie eine englische Variante (LGBTI, wobei dann das G für gay steht). Das Sternchen wiederum steht dann für alle Formen und Möglichkeiten des Trans- oder Inter-Seins. Zum Themenbereich dazugehöriges Vokabular wächst beständig, und es ist auch ein deutliches Ringen um Definitionshoheit zu konstatieren. Gleichwohl haben wir nachfolgend einige der wichtigsten Begriffe für diesen Text aufgenommen und eine Definition »gewagt« trotz der Bewusstheit ihrer Komplexitätsreduktion. Denn Schülerinnen und Schüler fragen seit einigen Jahren danach, was auch auf einen sich verändernden medialen Umgang mit verschiedenen Aspekten sexueller Vielfalt verweist.

Queer

Als queer bezeichnen sich Menschen mit einer sexuellen und/oder geschlechtlichen Identität, die von der gesellschaftlichen Norm abweicht. Queer ist ein offener Begriff, der alle einschließt, die mit ihrem Aussehen und/oder Verhalten nicht den gängigen Rollenbildern entsprechen. Das Wort kommt aus dem Englischen und heißt eigentlich verrückt, seltsam oder auch suspekt. Genau wie lesbisch oder schwul wurde die Bezeichnung früher abwertend verwendet. Wer sich jedoch heutzutage als queer bezeichnet, bei dem/der schwingt eine gewisse Freude und auch Stolz darüber mit, dass das eigene Lebens- und Liebensmodell etwas schräg und antitraditionalistisch ist. Die Queer Theory beschäftigt sich mit den Zusammenhängen zwischen Sex, Gender, Begehren sowie gesellschaftlichen Machtstrukturen und Normsetzungen (Ministerium für Arbeit und Sozialordnung, Familie, Frauen und Senioren Baden-Württemberg 2015: 36).

Intersexualität

Als intersexuell werden Menschen bezeichnet, die mit körperlichen Merkmalen geboren werden, die medizinisch als »geschlechtlich uneindeutig« gelten. Viele intergeschlechtliche Personen teilen die Erfahrung, unmittelbar nach der Geburt, in Kindheit oder Jugend durch medizinische Eingriffe und/oder eine rigide Erziehung in eine der beiden Geschlechterkategorien Frau oder Mann »eingepasst« geworden zu sein. Ca. eines von zweitausend Kindern wird ohne eindeutige Geschlechtsmerkmale geboren. Intergeschlechtlichkeit gehört nicht zum Themenkomplex Transgeschlechtlichkeit, denn die Intersexualität bezieht sich auf die körperliche und nicht die psycho-soziale Ebene von Geschlecht. Trotzdem gibt es einige intersexuelle Personen, die sich auch als Transgender, Transsexuelle oder Trans* bezeichnen. Auch der umgekehrte Weg ist möglich: ein vermeintlich transsexueller/transgender Mensch entdeckt, dass er eigentlich intersexuell ist (Institut für Sexualpädagogik/Nitschke: 2013).

Transgender

Transgender wird häufig als Oberbegriff für alle Personen verstanden, für die das gelebte Geschlecht keine zwingende Folge des bei der Geburt zugewiesenen Geschlechts ist. Darüber hinaus bezeichnen sich Personen als transgender, die ihre Geschlechtsidentität jenseits der binären Geschlechterordnung leben und damit die Geschlechterdichotomie Frau/Mann in Frage stellen. Transgender ist (im Gegensatz zu Transsexualität) kein medizinischer, sondern ein sozialwissenschaftlicher und politischer Begriff. Transgender leben fluide in geschlechtlicher Uneindeutigkeit. Manche Transgender nehmen eine körperliche Angleichung an ihr Wunschgeschlecht vor, obwohl sie das Konzept der Zweigeschlechtlichkeit ablehnen. Ihre Gender-Performance kann dennoch sehr unterschiedlich sein. Sie kann eindeutig im Sinne der Zwei-Geschlechter-Ordnung oder quer zu dieser verlaufen (ebd.).

Transsexualität

Als Transsexuelle bezeichnen sich in einer Zwei-Geschlechter-Ordnung Personen, denen bei der Geburt zwar ein Geschlecht zugewiesen wurde, die sich selbst aber dem anderen Geschlecht zugehörig fühlen. Viele Transsexuelle passen durch Hormoneinnahme, einige durch geschlechtsangleichende Operationen ihren Körper an, um ihn mit ihrem psychischen Geschlecht in Übereinstimmung zu bringen. Der Zustand vor dem Transformationsprozess wird häufig durch den Satz beschrieben: »Ich bin im falschen Körper geboren.« Rechtliche Verfahren sind in Deutschland im Transsexuellengesetz (TSG) geregelt, das eine kleine Lösung (Vornamensänderung) und eine große Lösung (Personenstandsänderung) vorsieht. Der Begriff Transsexualität stammt aus dem Bereich der medizinischen Diagnostik und bezieht sich stark auf eine Zwei-Geschlechter-Ordnung.

Transsexualität ist keine sexuelle Orientierung, Transmänner und Transfrauen leben in der Zwei-Geschlechter-Ordnung und lieben heterosexuell, lesbisch, schwul oder bisexuell (ebd.).

Fazit

Laut Klocke lässt sich die Akzeptanz für sexuelle und geschlechtliche Vielfalt verbessern durch (a) die Erhöhung der Sichtbarkeit von LSBTI, insbesondere durch die Herstellung persönlichen Kontakts, (b) die explizite Ächtung von Mobbing und Diskriminierung in der Einrichtung, (c) die Reflexion von Geschlechternormen, (d) die Ermöglichung von Perspektivenübernahme und Empathie, (e) die Vermeidung von Identitätsbedrohung und (f) die Vermittlung von Wissen. Wenn Sie als Lehrkraft der Vielfalt in Ihrem Klassenzimmer Raum geben und den Umgang mit sexueller und geschlechtlicher Vielfalt erleichtern möchten, kann die Checkliste zur Bestandsaufnahme für Unterricht und Schule weiterhelfen. Sie bietet insbesondere praktische Vorschläge und Anregungen, wie Sie Schülerinnen und Schüler in ihrer Entwicklung und Ihr Kollegium in der täglichen

Zusammenarbeit unterstützen können (Schule der Vielfalt und SCHLAU NRW (Hrsg.) 2016: 3).

Sexuelle Bildung und Transkulturalität

Das Vielfältige des Sexuellen drückt sich auch in unterschiedlichen Werten, Normen, Einstellungen und Haltungen aus, die schon innerhalb einer gewachsenen (Kultur-) Gruppe stark differieren können, aber oft erst durch Zuzug anderer Menschen größere Aufmerksamkeit bekommen. Dies ist insbesondere bei Grenzüberschreitungen, Gesetzesbrüchen oder aber regelkonformem, jedoch in irgendeiner Art »auffälligem« Verhalten der Fall. »Es ist ein psychoregulatives Prinzip, problematische Eigenanteile kollektiv aus der Mehrheitsgruppe zu externalisieren, indem man sie einer Minderheit zuschreibt« (Ahlers 2015: 396).

Unabhängig davon ist Sexuelle Bildung schon deshalb ein spannender Bereich, weil Kinder und Jugendliche Interesse an und Fragen zu sexuellen Themen haben und zwar unabhängig von Migrationsgeschichte und/oder Religionszugehörigkeit. Sexualpädagogische Impulse im Sinne einer Menschenrechtserziehung können dann erfolgreich sein, wenn der Migrationsprozess genau betrachtet wird. Also die Frage danach, wo steht der/die Einzelne?

Zum Begriff der Transkulturalität

Die Idee einer Kultur als abgeschlossenes System mit einem festen Kern festgeschriebener Symbolsysteme und Verhaltensweisen geht auf Herder zurück: »Jede Nation hat ihren Mittelpunkt der Glückseligkeit in sich, wie jede Kugel ihren Schwerpunkt« (Herder 1774:

39). Die Vorstellung von Kultur als Kugel oder Insel lässt keine Vermischung zu, etwaige Differenzen bleiben bestehen. Interkulturalität, die mit einem solchen Kulturbegriff operiert, kann bestenfalls Brücken bauen zwischen den verschiedenen Kulturen und auf diesem Weg für Verständigung sorgen bzw. Missverständnissen vorbeugen.

»Durch interkulturelles Lernen und Handeln sollen interkulturelle Informationsdefizite, Dominanz- und Überlegenheitsintentionen, Bedrohungsängste, Vorurteile und destruktive nationale und kulturelle Stereotypisierungen, Fremdenfeindlichkeit und Angst gegenüber Fremdkulturellem u. a. abgebaut werden« (Thomas 2003: 434).

Der von Thomas hier vertretene Ansatz ist lobenswert, denn er setzt sich für einen sensiblen, Unterschiede akzeptierenden, offenen und empathischen Umgang mit Fremdem und Eigenem ein. Kritisch anzumerken ist jedoch, dass er auf Differenzen fixiert bleibt und einen negativen Fokus setzt, indem er das Konfliktpotential unterschiedlicher Kulturen herauskehrt.

Der Begriff der Transkultur wurde in die Debatte eingeführt, um den traditionellen Kulturbegriff, der »soziale Homogenisierung, ethnische Fundierung und interkulturelle Abgrenzung« (Welsch 1997: 68) beinhalte, abzulösen, indem ein erweitertes und komplexeres Verständnis von Kultur begrifflich markiert wird. Welsch argumentiert, dass die modernen Gesellschaften hochgradig differenziert seien und schon in sich multikulturell, denn sie umfassten eine Vielzahl unterschiedlicher Lebensweisen und Lebensformen. Darüber hinaus sei die ethnische bzw. völkische Definition nicht nur fiktiv aufgrund der historischen Belege für Migrationsbewegungen, Mischungen und Durchdringungen, sondern politisch gefährlich (vgl. ebd.: 68–69). Schließlich gehe mit der inneren Homogenisierung eine Abgrenzung nach außen einher, eine Tendenz zu kulturellem Rassismus: »Das klassische Kulturmodell ist nicht nur deskriptiv falsch, sondern auch normativ gefährlich und unhaltbar.« Transkultur sei »eine Folge der inneren Differenzierung und Komplexität der modernen Kulturen« (ebd.: 71) und trage dem Phänomen Rechnung, dass in einer globalisierten Welt kulturelle Durchdringung über nationale Grenzen hinausgehe und zeitgenössische Kulturen generell durch Hybridisierung gekennzeichnet seien (vgl. ebd.: 71–72). Kultur wird hier verstanden als dynamischer Prozess in einem gesellschaftlichen Umfeld.

Als ein Beispiel dafür kann ein Befund der Jugendsexualitätsstudie 2015 der Bundeszentrale für gesundheitliche Aufklärung gesehen werden. Haben noch 2005 34 % der Jungen und 19 % der Mädchen mit Migrationshintergrund beim ersten Geschlechtsverkehr nicht verhütet, sind dies 2014 noch 10 % der Jungen und 2 % der Mädchen (Heßling/Bode 2015: 153).

Neue Migrationsbewegungen

Deutschland befindet sich inmitten einer erregten Selbstverständigungsdebatte, ob es nun den Status eines Einwanderungslandes habe oder eben nicht. Jenseits davon bilden Bevölkerungsbewegungen schon seit Jahrhunderten ein bedeutsames Element gesellschaftlichen und politischen Wandels. In der jüngeren Vergangenheit ist eine große Zahl Geflüchteter in Deutschland angekommen, vielfach unter dramatischen Bedingungen. Vorhandene kulturelle Unterschiede dieser Menschen müssen ernst genommen werden und zwar ohne Generalverdacht, denn *die* Flüchtlinge gibt es nicht. Dazu braucht es die richtige Balance aus Sorge und Solidarität, Ressentiments jedoch sind nicht hilfreich. Voraussetzung in einer Einwanderungsgesellschaft ist, dass sich alle Menschen mit den in unserer Kultur verbreiteten Vorstellungen von Gleichberechtigung bezüglich der Geschlechterrollen, sexueller Selbstbestimmung sowie der Anerkennung von sexueller Vielfalt auseinandersetzen. Da das Wissen um sexuelle Werte und Verhaltensweisen der unterschiedlichen Herkunftsländer und Religion aber begrenzt ist, kommt es aufgrund dieses Informationsdefizits zu Mythen und Fiktionen und oftmals schwingen Vorurteile mit, wenn der Ruf nach Sexualaufklärung für männliche Geflüchtete laut wird (Matthiesen et al 2016: 14).

Geflüchtete Menschen sind so vielfältig wie diejenigen, die schon länger auf dem Boden leben, der Deutschland heute ausmacht. Dass die Unterschiede in der Vielfältigkeit zwischen den »Deutschen« und denen mit Migrationshintergrund eher marginal sind, zeigen immer wieder die SINUS-Milieu-Studien auf. Gleichwohl braucht es kultursensibles sexualpädagogisches Agieren, da es sein kann, dass mehr junge Menschen mit traumatischen sexuellen Gewalterfahrungen unter ihnen sind als in Vergleichsgruppen. Oder dass Menschen mit einem LSBTIQ-Hintergrund dabei sind, der vermutlich ebenfalls leicht überrepräsentiert ist im Vergleich zur Gesamtbevölkerung, weil einige von ihnen aufgrund von Verfolgung im Herkunftsland ein weiteres starkes Fluchtmotiv hatten. Und es können bestimmte kulturelle resp. länderspezifische Themen durch eigene Erfahrungen personal vertreten sein, wie zum Beispiel beim Thema Beschneidung bei Jungen oder der weiblichen Genitalverstümmelung.

»Die zum großen Teil widersprüchlichen Voraussetzungen können die sexualpädagogisch Tätigen schnell in schwer zu lösende Konflikte zwischen eigener Überzeugung, pädagogischem Anspruch und gebotenem Respekt vor dem als anders Wahrgenommenen bringen – gerade durch die Intimität und die unumgängliche Selbstbetroffenheit im Zusammenhang mit dem Thema« (vgl. Wronska 2010: 115).

Praktische Hinweise

Zunächst ist es wichtig, dass sie sich als Lehrkraft innerlich positionieren, hinsichtlich der eigenen Werte und Normen und ihrer Toleranzgrenzen und diese reflektieren. Auf der Grundlage lässt sich leichter bestimmen: Was kann erduldet werden, was ist nicht verhandelbar? Aufgrund der o. g. Fragestellungen/Erlebnisse, die geflüchtete Kinder und Jugendliche mitbringen können, ist es zudem notwendig, sich den Auftrag aus der Gruppe dieser zu holen und dabei die Vertraulichkeit und die Möglichkeit der Freiwilligkeit zu klären, so wie in anderen sexualpädagogischen Projekten auch.

> Dabei ist zu beachten, nicht zu viel auf einmal erreichen zu wollen, denn ein Integrationserfolg ist eine gesamtgesellschaftliche Aufgabe und ein beidseitiges Aufeinander-Zugehen, welches sich nicht (nur) in gelingender Sexualpädagogik bemisst. Weniger ist mehr, kleinschrittig und mit einfachen Mitteln arbeiten, z. B. mit einfacher (leichter) Sprache, Bildern und Modellen, um mehr in den Kontakt zu kommen und somit das personalkommunikative Moment wirken zu lassen. Zeit und Geduld sind hilfreich, damit sich eine Beziehung entwickeln kann und Themen entfaltet werden können. Oft kommen dabei kleinere Gruppen besser ins Gespräch als große Gruppen. Auch Homogenität kann helfen (gleiches Geschlecht, ähnliches Alter, Lebenssituation wie Elternschaft, gleiche Herkunft und Kultur, gleiche Sprache). Beim Einsatz von Sprachmittler/innen ist zu beachten, dass diese eigene Themen und Botschaften mit in die Veranstaltungen einbringen, es entsteht ein Dreiecksverhältnis. Dolmetscherinnen und Dolmetscher können durch mehr Kommunikationsmöglichkeiten und Kulturkenntnis für die Themen öffnen – aber auch als hinderlich für offenes Sprechen empfunden werden (Bekanntheit in der Gemeinde: Frage der Vertraulichkeit).

Methodenteil

Das Haus in der Müllerstraße

Zielgruppe und Zeitumfang	Ab Jahrgangsstufe 5, ca. 45 Minuten
Intention	Einstieg zum Thema vielfältige Lebensformen
Ziele	Vielfältige Möglichkeiten, wie Menschen zusammenleben und wohnen können, sollen bewusstgemacht und diskutiert

werden. So erhalten die Schüler/innen die Möglichkeit, ihre eigene Lebensform sowie Lebensformen, die sie kennen, von denen sie gehört oder gelesen haben, auszudrücken. Gemeinsam kann ein größerer Ausschnitt alltäglich gelebter Vielfalt zusammengetragen werden.

Material	DIN A3-Bögen oder Flip-Chart-Papier, verschiedenartige Stifte
Verlauf und Instruktion	Die Schüler/innen erhalten folgenden Arbeitsauftrag: »In der Müllerstraße ist ein neues Haus gebaut worden. Es gibt insgesamt sechs Wohnungen verschiedener Größen. Letzten Monat sind die neuen Bewohnerinnen und Bewohner eingezogen. Alle leben unterschiedlich. In einer Wohnung lebt eine Wohngemeinschaft, die aus fünf Erwachsenen und zwei Kindern besteht. In einer anderen Wohnung leben zwei Frauen mit einem Kind. Wer wohnt in den anderen Wohnungen?« Die Schüler/innen fertigen in 4er-Gruppen ein Bild über das Haus in der Müllerstraße an. Anschließend werden die Bilder in der Gruppe vorgestellt und besprochen. Vertiefend kann die Lehrkraft nachfragen: »Stellt euch vor, ihr sollt einen Bericht über das Zusammenleben von Menschen schreiben und dazu Interviews führen. Welche Personen aus euren Bildern würdet ihr gerne befragen wollen? Was wären eure Fragen? Welche Gemeinsamkeiten und welche Unterschiede gibt es darin, wie die unterschiedlichen Menschen in der Müllerstraße leben?«
Nachbearbeitungs- und Einsatzmöglichkeiten	Je nach Klassengröße kann die Anzahl der Personen variiert werden. Es können einzelne Häuser oder Straßenzüge selbständig gestaltet werden oder die Lehrkraft gibt dies vor. Die vorgegebenen Wohnformen können je nach Bedarf verändert werden in schwule, lesbisch, Eineltern-, wieder verheiratete Familien mit und ohne Kinder, Familien mit Migrationshintergrund uns so weiter.
Praxistipp für Lehrer/innen	Die Lehrkraft präsentiert, begleitet und moderiert die Methode. Sie achtet ferner auf Ausgewogenheit der Beiträge und darauf, dass eventuelle Abwertungen aufgegriffen und besprochen werden und dass möglichst vielfältige Lebensweisen Berücksichtigung finden.

Diese Methode wurde u. a. beschrieben in: Timmermanns, Stefan/ Tuider, Elisabeth: Sexualpädagogik der Vielfalt. Weinheim und München 2012, S. 47/48, und geht zurück auf eine Idee von Jutta Hartmann.

Radio-Show: Wertediskussion

Zielgruppe und Zeitumfang	Ab Jahrgangsstufe 10 und älter, 90–120 Minuten
Intention	Auseinandersetzung mit eigenen und anderen Werten
Ziele	Über Werte ins Gespräch kommen und wahrnehmen, dass diese keine nationalen, kulturellen oder religiösen Grenzen haben. Feststellen, dass manchmal ein Wertekonflikt (derzeit) unauflösbar ist = Kompromissbildung.
Material	Vorbereitung unterschiedlicher konträrer Positionen/Zitate zum gewählten Themenbereich.
Verlauf und Instruktion	So viele Kleingruppen (KG), wie Sie konträre Positionen zum Thema vorbereitet haben, idealiter sind dies 3–5 divergierende Ansichten. In den KG (selbstgewählt oder gelost) wird dann diese Position für die Radio-Show vorbereitet, ca. 30 Minuten. Die Schüler/innen und Schüler dürfen/sollen diese Position um eigene Argumente ergänzen. Aus der jeweiligen KG wird ein Mitglied in die Radio-Show geschickt. Diese sitzen im Halbkreis vorne in der Klasse, die Moderation (Schüler/in oder Lehrkraft) in der Mitte dieser Gruppe und eröffnet das »Streitgespräch«. Dauer: ca. 30 Minuten. Die übrigen Schüler/innen sitzen im Auditorium und dürfen z. B. durch einen Live-Telefon-Anruf im Laufe der Show eine Frage stellen. Die Lehrkraft moderiert dies alles und sorgt dafür, dass keine Verletzungen, Beleidigungen oder Ähnliches passieren. Dauer: ca. 30–40 Minuten, Anmoderation durch die Lehrkraft. Die Teilnehmer/innen werden dann aus ihren Rollen und der Radio-Show entlassen, bevor eine abschließende Diskussion in der gesamten Klasse stattfinden kann. Beispiel und Positionen für das Thema: »Beschneidung bei Jungen«

Achtung: Dieses Beispiel stammt aus der Erwachsenenbildung und wird hier verwendet, um dazustellen, wie ausdifferenziert die Methode vorbereitet werden kann. Für Jugendliche können auch weniger heikle Themen bearbeitet werden, zu denen sich dann alle positionieren können, z. B. Treue oder Ehrlichkeit. Die Zitate dieses Beispiels sind im Rahmen der gesellschaftlichen Debatte um Beschneidung bei Jungen so in den Medien genannt worden und spiegeln nicht die Meinung des Autors wider, auch steht eine hier genannte Position nicht homogen für die gesamte Gruppe.

Juristische Position: Die Beschneidung nicht-einwilligungsfähiger Jungen aus rein religiösen Gründen ist nicht durch die Einwilligung der Eltern gerechtfertigt, weil sie nicht dem Wohl des Kindes entspricht.

Oder:

Das Grundrecht des Kindes auf körperliche Unversehrtheit überwiegt die Grundrechte der Eltern.

Medizinische Position: Die Beschneidung kleiner Jungen ist ein unumkehrbarer Eingriff, oft verbunden mit großen Schmerzen, seltener, aber auch vorkommend, mit schwerwiegenden Komplikationen, postoperativen Blutungen, Vernarbungen, späteren Schmerzen beim Geschlechtsverkehr.

Oder:

Aus medizinischer Sicht ist eine Beschneidung nur bei ausgeprägter Phimose (Vorhautverengung) notwendig. Und dies betrifft nicht einmal 2 % der bis zu 5-jährigen Jungen.

Politische Position: Sollen deutsche Politiker und Juristen deutschen Juden erklären, was es mit ihrer Menschenwürde auf sich hat? Ist das nicht eine zu große Herausforderung?

Oder:

Wir werden nur Veränderung im Dialog mit den Kulturen erreichen, nicht mit strafrechtlich in Beton gegossenen Verboten, die uns nur weiter voneinander entfernen und dem Kindeswohl sicher nicht dienlich sind, stattdessen aber Illegalität und Beschneidungstourismus fördern.

(Mögliche) Position des Zentralrats der Juden: Die körperliche Unversehrtheit des Kindes wird bei der Beschneidung »minimal«, ein durch Religionsfreiheit geschützter Kernbestandteil des Judentums durch ein Verbot aber »erheblich« beeinträchtigt.

Oder:
Soll die Beschneidung nicht eher als physische Manifestation einer Andersartigkeit problematisiert werden, um sie mit dem Gestus des pädagogischen Wohlmeinens zu bekämpfen? Erinnert dies nicht arg an die »aufgeklärten« Vorbehalte gegenüber Juden im 19. Jahrhundert, als es exakt die gleichen Argumente gegen die archaische Andersartigkeit gab?
(Mögliche) Position des Zentralrats der Muslime: Eine Tausend Jahre alte religiöse Tradition wird zur Straftat gemacht, dabei ist der Eingriff gar nicht schlimm. Im Gegenteil: Es gibt sogar hygienische und medizinische Vorteile gegenüber Unbeschnittenen. Außerdem sind weltweit nicht nur Muslime beschnitten, sondern auch ein Großteil der US-amerikanischen Jungen und Männer.
Oder:
Seit Jahren wird diskutiert, wie viel Islam Deutschland vertrage, ob er in seiner jetzigen Form nicht zwangsläufig sexualfeindliche und gewalttätige Menschen hervorbringe, ob das Kopftuch »Vorspiel« zum Ehrenmord sei, ob Mohammed evtl. gar nicht gelebt habe und sein Name ein Hoheitstitel für Jesus gewesen sei, ob die Dummheit der Muslime unser Land ruinieren könne und ob die Politik vielleicht unterschätze, wie viel Angst die Bürger vor dem Islam haben. Parallel werden der Reihe nach Ausländer (darunter viele Muslime) umgebracht, ohne dass der Verfassungsschutz die offensichtlich völkisch-nationalen Motive erkennt. Stattdessen untersucht die SoKo Bosporus die sog. »Döner-Morde«. Die skeptische Sicht auf den Islam ist sehr bedenklich!

Ein derartiger themenorientierter Argumentekatalog könnte durch die Schüler/innen entsprechend ergänzt werden. Je nach Bedarf und bisherigen Vorbereitung des Themas könnten aber auch stichpunktartig Vorgaben gemacht werden.

Nachbearbeitungs- und Einsatzmöglichkeiten	**Varianten:** Zahlreiche Themen sind neben dem oben Beschriebenen geeignet, z. B. Umgang mit Prostitution, Streit um die Sexualpädagogik der Vielfalt oder auch insbesondere das Thema Pornographie, da Sie für die Diskussion kein (unerlaubtes) pornographisches Material benötigen. Die Methode kann auch als sog. Fish-Bowl mit einem Innenkreis der Diskutierenden und einem Außenkreis der Hörenden durchgeführt werden. Aus dem Außenkreis kann

	durch ein Hand-auf-die-Schulter-Legen auch ein anderes Mitglied einer Kleingruppe unterstützen und einen Impuls reingeben. Gleiches ist auch der Moderation vorbehalten.
Praxistipp für Lehrer/innen	Die Übung kann sehr herausfordernd sein, insbesondere wenn eigene Betroffenheit, Zugehörigkeit etc. in der Klasse vorhanden sind. Dies ist im Blick zu behalten, und die Lehrkraft kann sich nötigenfalls auch für einen Abbruch der Übung entscheiden. Ein gewisses Maß an emotionaler »Berührtheit« ist jedoch erwünscht, um in die Lage versetzt zu werden, eigene Positionen zu überdenken und andere zu tolerieren.

Diese Methode wurde konzipiert von Jörg Nitschke für die Weiterbildung Sexualpädagogik des Instituts für Sexualpädagogik und ist hier erstmalig veröffentlicht.

Gender Bread Person

Zielgruppe und Zeitumfang	Ab Jahrgangsstufe 9, ca. 30 Minuten
Intention	Einstieg zum Thema sexuelle Vielfalt
Ziele	Kennenlernen von verschiedenen Formen der Geschlechtsidentitäten sowie sexueller Orientierungen
Material	Vorbereitete »Gender Bread Person« und Moderationskarten
Verlauf und Instruktion	Die Lehrkraft malt die »Gender Bread Person« an die Tafel oder auf ein Flipchart. Wichtig ist dabei, dass die unterschiedlichen Ebenen (Geschlechtsidentität, sexuelle Orientierung/Begehren, Geschlechtsausdruck/Geschlechtsrolle und biologisches Geschlecht) deutlich werden. Entweder gibt die Lehrkraft unterschiedliche Begriffe vor, legt diese auf den Boden und lässt Sie von den Schüler/innen erklären sowie in die »Gender Bread Person« einsortieren. Oder sie lässt die Schüler/innen die Begriffe selbst auf Moderationskarten

Sexuelle Vielfalt

	schreiben und sortiert diese anschließend gemeinsam den unterschiedlichen Ebenen zu. Beispiele hierfür sind: lesbisch, schwul, bisexuell (Ebene sexuelle Orientierungen/Begehren); transgender, transsexuell (Geschlechtsidentität); männlich, weiblich, gender neutral (Geschlechtsausdruck/Geschlechtsrolle) und Intergeschlechtlich, Mann, Frau (biologisches Geschlecht).
Nachbearbeitungs-und Einsatzmöglichkeiten	Die »Gender Bread Person« kann dann für längere Zeit im Klassenzimmer hängen bleiben und immer wieder verwendet bzw. darauf Bezug genommen werden. Des Weiteren gibt es die Möglichkeit, Begriffe im Laufe der Zeit zu ergänzen.
Praxistipp für Lehrer/innen	Aufgrund der begrifflichen Vielfalt lohnt es sich, die »Gender Bread Person« als Einstieg anzuwenden.

Diese Methode wurde u. a. bereits als »Gender Bread Person« beschrieben und kann unter folgender Adresse heruntergeladen werden: http://itspronouncedmetrosexual.com/2012/03/thegenderbread-person-v2-0/. Zur Unterstützung für mögliche Begriffe im Themenfeld der sexuellen Vielfalt sei das Glossar von der Bildungsinitiative Queerformat empfohlen: http://www.queerformat.de/fileadmin/user_up¬load/news/120622_SexuelleVielfalt_Glossar.pdf

Differenz-Detektive

Zielgruppe und Zeitumfang	Ab Jahrgangsstufe 5 und älter, 45–90 Minuten
Intention	Vertiefung des Themas Vielfalt in Gesellschaften
Ziele	Vielfältige Unterschiede zwischen den Schüler/innen sollen herausgefunden und deutlich gemacht werden
Material	Plakate, Stifte für die Arbeit in Kleingruppen, Moderationskarten

Verlauf und Instruktion	1. Schritt (ab Jahrgangsstufe 5): Kleingruppeneinteilung bestimmen die Schüler/innen selbst. In jeder Kleingruppe (KG) sollen die Schüler/innen zehn Merkmale herausfinden, in denen sie sich unterscheiden, und fünf Merkmale, die alle in dieser Gruppe gemeinsam haben. Je mehr Gemeinsamkeiten und Differenzen die KG findet, desto besser, denn ab dem elften Differenzmerkmal und dem sechsten Gemeinsamkeitsmerkmal gibt es pro Merkmal einen Punkt. Die Gemeinsamkeiten und Differenzen innerhalb einer KG werden auf Plakaten festgehalten (ab Jahrgangsstufe 8 auf Moderationskarten, s. u.). Nach ca. 15 Minuten werden die Plakate von der Lehrkraft eingesammelt und aufgehängt. Die KG stellen ihre Ergebnisse der Klasse vor. Gewonnen hat die Gruppe mit den meisten Punkten. *Beispiele für Differenz- und Gemeinsamkeitsmerkmale: langes/kurzes Haar, 12/13 Jahre alt, beschnitten/unbeschnitten, muslimisch/katholisch/evangelisch/atheistisch, Brille/Kontaktlinsen/keine Brille, Sternzeichen, Hobbys, Schuhgröße, (k)ein Musikinstrument spielen können, männlich/weiblich, ohne/mit Vater und Mutter aufgewachsen ...* 2. Schritt (alle bis einschl. Jahrgangsstufe 7): Das Spiel wird mit Hilfe folgender Fragen ausgewertet: - Wie wäre die Welt, wenn alle Menschen gleich wären? - Welche Nachteile hat es, dass Menschen unterschiedlich sind? Welche Vorteile? - Worauf kommt es beim Zusammenleben zwischen Menschen mehr an: auf ihre Unterschiede oder die Gemeinsamkeiten?
Nachbearbeitungs- und Einsatzmöglichkeiten	Variante/3. Schritt (ab Jahrgangsstufe 8): Die KG sammeln ihre Differenz- und Gemeinsamkeitsmerkmale auf Moderationskarten (je ein Merkmal pro Karte). Nach Präsentation und Auswertung der Punkte werden die drei Begriffsfelder »gesellschaftlich unwichtig«, »gesellschaftlich benachteiligt« und »gesellschaftlich von Vorteil« in je eine Ecke des Raumes verteilt. Die KG haben die Aufgabe, nacheinander ihre gefundenen Merkmale den drei Begriffsfeldern zuzuordnen. Bei Schwierigkeiten unterstützen die anderen Schüler/innen und/oder die Lehrkraft. Letztere zieht dann ein Zwischenresümee, dass es in jeder KG sowohl gesellschaftlich

anerkannte als auch gesellschaftlich abgewertete Merkmale gibt, die auch zu Diskriminierungen benutzt werden können. Mit diesen Merkmalen (»gesellschaftlich benachteiligt«) verfolgt jede KG nun den Arbeitsauftrag: »Was müsste sich in der (deutschen) Gesellschaft verändern, damit diese Merkmale keine negativen Auswirkungen mehr haben und in die Kategorie ›gesellschaftlich unwichtig‹ eingeordnet werden könnten? Gebt dafür Beispiele!« Zeit für die KG-Arbeit: 30 Minuten, danach Vorstellung vor der Klasse.

Praxistipp für Lehrer/innen

Die Lehrkraft kann den Schwierigkeitsgrad (Schritt 1) erhöhen, indem sie dazu auffordert, dass sich alle Personen der KG bezüglich eines Merkmals unterscheiden müssen statt nur eine Person vom Rest der KG. Wenn im 2. Schritt eine Zuordnung nicht gelingt, kann die Lehrkraft auf die Veränderbarkeit, Kontextabhängigkeit (z. B. Alter) und historischen Entwicklungen (z. B. Tragen einer Brille) eines Merkmals hinweisen. Die bestehende Vielfalt in der Gruppe sollte von der Lehrkraft aufgezeigt und gewertschätzt, Diskriminierungen benannt und etwaigen Abwertungen und/oder Vereinfachungen entgegengewirkt werden.

Diese Methode wurde u. a. beschrieben in: Timmermanns, Stefan/ Tuider, Elisabeth: Sexualpädagogik der Vielfalt. Weinheim und München 2008, S. 44 ff. (2. Auflage 2012, S. 43 ff.).

Sexualität und Medien

Sexualitätsbezüge durchdringen unseren Alltag, ein Phänomen, das auch als »porning of the mainstream« bezeichnet wird. Ob im Fernsehprogramm oder in der Populärmusik: sexuelle Anspielungen, pornografische Bezüge oder das Abbilden nackter Körper in der Werbung, die mit dem zu vermarktendem Produkt in keiner erkennbaren Beziehung stehen, sind omnipräsent, und nicht nur Schülerinnen und Schüler sind damit täglich konfrontiert. In diesem Kapitel werden drei Themen angesprochen, die in besonderer Weise Aufmerksamkeit erregen und in der Schule (präventiv) bearbeitet werden sollten/können: Pornografie, Sexting und, wenn auch nicht zwingend sexuell konnotiert, Cyber Mobbing.

Pornografie: Neue Medienkompetenzen gefordert

Ausgerufen wurden seit 2007 »Deutschlands sexuelle Tragödie« (Siggelkow/Büscher 2008) oder Pornografie als »Leitkultur der Unterschicht« (Wüllenweber 2007), zu einem Zeitpunkt, als das sog. Web 2.0 den Partizipationsgrad der vorherigen Konsumenten durch eine Reihe technischer Innovationen so sehr erhöhte, dass wir eine bisher nie dagewesene und neue Form der Verfügbarkeit pornografischer Inhalte niedrigschwellig (wenige Mausklicks) und kostenfrei vorfinden.

Das dahinterstehende Leitbild derartig dramatisierender Attribuierungen lässt sich in der Frage beschreiben, was die Medien, also die Pornografie, mit den Menschen macht. Hintergrund sind verschiedene Theorien aus der Medienwirkungsforschung. Etwa die sozial-kognitive Lerntheorie: in Pornografie dargestellte Verhaltensweisen, Praktiken etc. werden nachgeahmt; die Theorie der Exemplifikation: Dargestelltes in der Pornografie wird als normales, gesellschaftlich stark verbreitetes Verhalten angenommen; oder die Habitualisierungs- und Desensitivierungs-Theorie: ein ursprünglich hoher Erregungsgrad nimmt bei dauerhaftem Pornografiekonsum ab; ein stärkerer Reiz wird nötig, um das bekannte Erregungsniveau wieder zu erreichen – um nur einige wesentliche Ideen, die in Diskussion wie medialer Berichterstattung immer wieder auftauchen, zu benennen (Hill 2011: 379 ff.).

In der Fachöffentlichkeit gibt es einen Konsens darüber, dass es sich bei sexuell eindeutigen Medieninhalten um problematische Inhalte hinsichtlich des Konsums durch Kinder und Jugendliche handelt (Döring 2013: 420). Folgerichtig ist es in Deutschland verboten, Pornografie Personen unter 18 Jahren anzubieten, zu überlassen oder zugänglich zu machen (StGB 184). Zum Thema Wirkung von Pornografie allerdings bieten die Ergebnisse der Medienwirkungsforschung wenig Substanzielles, es finden sich Korrelationen statt Kausalitäten (Möller 2013: 499), sodass Starke (2010) konstatiert: »Monokausale Wirkungsannahmen entbehren jeglicher wissenschaftlichen Substanz.« Zudem überwiegen Theorie und Empirie zu negativen Medienwirkungen deutlich. Positive Effekte hingegen finden wenig Beachtung.

Als Reaktion auf die Dominanz mediendeterministischer Wirkungsthesen, denen zufolge Pornografie bestimmte Negativwirkungen bei den Nutzern verursacht, schlägt Döring vor, die Konsument/innen aus medien- und kommunikations-wissenschaftlicher Perspektive als aktive Nutzer/innen sexuell expliziter Medieninhalte in den Blick zu nehmen (Döring 2011: 1):

> »An die Stelle der Frage, ›was machen die Medien mit den Menschen‹, tritt somit im handlungstheoretischen bzw. rezipientenorientierten Paradigma die Frage ›was machen die Menschen mit den Medien?‹«

Döring plädiert für eine Pornografie-Kompetenz, die neben den Ebenen der Bewertung und Nutzung auch (bei entsprechendem Interesse) die aktive Gestaltung beinhaltet und sich in den Komponenten Medienkunde, Kritikfähigkeit, Genussfähigkeit, Fähigkeit zur Metakommunikation und Fähigkeit zur Selbstreflexion ausdrückt.

Eine Untersuchung, in der 160 Jugendliche im Alter von 16 bis 19 Jahren qualitativ befragt wurden, folgt dem oben beschriebenen Paradigmenwechsel und fragt: »What do boys do with porn?« (Matthiesen/Schmidt 2011: 353 ff.) sowie (»What do girls do with porn?« (Matthiesen/Martyniuk/Dekker 2011: 326 ff.) Zentrale Ergebnisse zeigen: 96 Prozent aller Jugendlichen sind im Internet, und fast alle kennen Pornos. Dabei besteht ein großer Geschlechterunterschied: Jungen konsumieren deutlich mehr als Mädchen. Die Verteilung des Konsums stellt sich altersspezifisch wie folgt dar:

	Jungen	Mädchen
13 Jahre	50 %	15 %
14 Jahre	68 %	29 %
15 Jahre	85 %	41 %
16 Jahre	89 %	63 %

Die Ergebnisse zeigen, dass Pornografiekonsum Jugendlicher trotz strafrechtlicher Schutzbestimmungen, die sich aber nur auf das Zurverfügungsstellen usw. und nicht auf den Konsum richten und im Falle der illegalen Zurverfügungstellung nur für deutsche Server gelten, kaum verhinderbar ist.

Dieser Konsum lässt bei Eingehen fester Partnerschaft nach. Die Gründe liegen darin, dass Jungen sich mehr auf die Erinnerungen eigener Erfahrungen (Masturbation) verlassen (können) und weniger Langeweile haben als früher.

Die Beziehungen der befragten Jugendlichen sind romantisch und durch Ideale wie Liebe und Treue geprägt. Es gibt i. d. R. eine hohe Beziehungsdichte und serielle monogame Beziehungsmuster. Zwar ist das Interesse an Pornografie massiv gegendert, denn Jungen sehen Pornografie früher und nutzen sie häufiger für Masturbation, doch in festen Beziehungen lässt der Konsum wieder nach. Die hohe Verfügbarkeit von Pornografie führe zu ihrer Normalisierung, nicht zu Verrohung und Verwahrlosung, wobei die Grenze zwischen Fiktion und Realität von den Jugendlichen erkannt und gewahrt wird. Der Umgang der allermeisten Jugendlichen mit Pornos, so konstatieren die Autor/innen, ist ein souveräner Ausdruck gesellschaftlicher Zivilisierung.

Kompetenzen fördern

> »In der Debatte über Pornografie bildet sich das Unbehagen über den Verlust allgemein verbindlicher Werte in einer pluralisierten Gesellschaft und die in den westlichen Gesellschaften tradierte Jugendfeindlichkeit ab« (Nitschke 2014: 113).

Dabei ist der Umgang der allermeisten Jugendlichen mit pornografischen Inhalten kontrolliert und abgeklärt, was nicht davon ablenken sollte, dass hier auch Verstörendes gesehen und erlebt werden kann, wobei junge Menschen mit Gefühlen wie Angst oder Ekel zurechtkommen müssen. Und: Dass in dieser Entwicklungsphase der Kinder und Jugendlichen echte Pornografie jederzeit und unkontrolliert konsumiert werden kann, hat es kulturgeschichtlich noch nie gegeben, weshalb auch niemand wissen oder vorhersagen kann, ob und wenn ja welche Auswirkungen das auf die psychosexuelle Entwicklung von Kindern hat (Ahlers 2015: 287).

Die Jugendlichen als kompetente Subjekte ihres Handelns in den Blick zu nehmen und dabei zu unterstützen, eine Kompetenz im Umgang mit Pornografie – wie Döring (s. o.) diese beschreibt – zu entwickeln und zu fördern, stellt einen positiven Ansatz dar. Und ein notwendiger, denn ein Befund der Medienwirkungsforschung gilt als gesichert: Medien beeinflussen nicht so sehr, *was* wir denken, sondern *worüber* wir nachdenken (Burkart 2003: 7). So gesehen ist Pornografie nicht nur im Internet allgegenwärtig.

Es ist nicht notwendig (und bei ggw. Gesetzeslage auch nicht möglich), pornografisches Material im Unterricht zu verwenden, aber vielleicht sollten sich Lehrkräfte zunächst selbst einmal ein Bild machen. Denn ein versachlichter Dialog hilft auch Lehrerinnen und Lehrern, sich diesem Thema stellen zu können.

Sexting: Voyeurismus und Exhibitionismus mit dem Smartphone

»Die Lehrer wissen gar nicht, was so unter uns Jugendlichen alles vorgeht.«[10]

Sexting ist ein sog. Portmanteauwort, eine überlappende Zusammenführung der Worte Sex und dem englischen texting, und bezeichnet

---

10 Schülerin des Clemens-August-Gymnasiums in Cloppenburg, die den Direktor damit auf das Problem des Sexting aufmerksam machte: www.ndr.¬de/nachrichten/netzwelt/sexting103.html (gesehen am 24.09.2015).

das Versenden erotischer Selbstaufnahmen per Handy (MMS) oder heute deutlich häufiger über das Smartphone und eine passende App (Döring 2012: 5). Hoffmann, der verschiedene definitorische Beschränkungen in den Blick nimmt, bietet eine erweiterte Definition:

»Sexting ist eine interpersonelle sexuelle Kommunikationsform, die den privaten und freiwilligen Austausch von sexuell andeutenden oder expliziten Texten, Bildern oder Videos des eigenen Körpers beinhaltet. Dabei muss bei den Sender/innen eine sexuelle Intention vorhanden sein. Die Kommunikation findet bevorzugt über digitale Medien statt« (Hoffmann 2012: 25).

Obwohl wir in Deutschland eine Jugend vorfinden, die so sicher verhütet wie keine Generation zuvor und die ihre sexuellen Handlungen in der Regel einvernehmlicher organisiert als beispielsweise in Ländern, in denen eher eine Abstinenz von vorehelichen Liebes- und Sexbeziehungen propagiert wird (z. B. USA, dort gibt es deutlich mehr Probleme mit heimlichen, ungeschützten oder gewaltsamen sexuellen Handlungen), wird tatsächlich in pädagogischen Maßnahmen und Materialien zum Sexting üblicherweise den Mädchen vermittelt, dass sie in der Foto-Kommunikation mit ihren Liebsten asexuell bleiben müssen, damit kein Unglück geschieht. Hier steht eine aus den USA einfließende, wenig reflektierte Abstinenzposition im Vordergrund, die nicht nur im Widerspruch zu anderen Haltungen zur Jugendsexualität steht, sondern auch zu einer verdrehten Täter-Opfer-Position führen kann: »Sie (in der Regel sind Mädchen Hauptbetroffene) hat ja selber schuld« (victim blaming) (ebd.: 6). Im Zweifel hält die Person, die als erste ein Foto im Umlauf brachte, nicht einmal eine Entschuldigung für angemessen (Lauras Entblößung – DIE ZEIT 26/2014)[11]. Das dies kein Einzelfall ist, erleben Lehrerinnen und Lehrer ebenso wie sexualpädagogische Fachkräfte immer wieder: Das Wissen um Persönlichkeitsrechte ist, wenn doch vorhanden, so doch in diesem Kontext nicht anwendbar. Die vermeintliche Anonymität des Geräts führt zur

---

11 http://www.zeit.de/2014/26/cybermobbing-pubertaet-erotikvideo (gesehen am 28.09.2015).

Weiterleitung, ohne sich dabei der Tragweite dieser unethischen und unrechten Handlung bewusst zu sein. Aber die Fotos geraten nicht von alleine und nicht durch eine/n Einzelne/n in Umlauf, es sind eine ganze Reihe von Personen, die sich strafbar machen, da sie bewusst weitergeleitet haben, in dem Wissen, dass dies Bild nicht für sie bestimmt war. Dies passiert vor allem im Kontext Schule, die eigentlich für den Schutz ihrer Schülerinnen und Schüler verantwortlich ist. Tatsächlich aber ist die Institution Schule nicht genügend vorbereitet, um gegen den Missbrauch von Fotos und dem daraus resultierenden (Cyber) Mobbing vorzugehen. Gründe scheinen auch im technology gap zu liegen: Zwar haben Lehrkräfte nach Meinung von Medienexpert/innen aufgeholt (Amendt 2015: 18), was die Benutzung von Smartphones und Apps angeht, aber ob sie ein ähnliches Nutzungsverhalten wie ihre Schülerinnen und Schüler aufzeigen, bleibt fraglich. So warnten Ende 2013 sieben Schulleiter aus dem Raum Cloppenburg in einem Elternrundbrief vor Sexting. In einem Interview mit der FAZ[12] sagte eine dieser Schulleitungen, dass die Eltern noch nie etwas von Sexting gehört hatten. Auch in den Kollegien gab es vorher viel Unkenntnis.

Döring (2014) gibt folgende Empfehlungen für Eltern und Lehrkräfte zum Umgang mit Sexting.

1. Einvernehmliches Sexting als normalen Bestandteil des Erwachsenwerdens anerkennen. So wird es möglich, sachlich über Nutzen und Gefahren des Sextings, über Apps und Sicherheit oder die Bildgestaltung (z. B. ohne Gesicht) zu sprechen.
2. Das eigentliche Problem in den Fokus stellen: Das Herumzeigen und Weiterleiten privater Fotos ohne Einverständnis. In verschiedenen Fächern könnte medienpädagogisch und medienrechtlich vermittelt werden, worauf es im Social-Media-Zeitalter ankommt. Fragen der Ethik, der digitalen Privatsphäre und dem Recht am eigenen Bild sollten nicht auf den Informatikunterricht be-

---

12 Frankfurter Allgemeine Zeitung vom 14.09.2014.

schränkt bleiben. Im Themenfeld Computer/Internet und Schule besteht in Deutschland jedoch noch Nachholbedarf (MPFS 2014: 23).
3. Unterstützung für Mobbing-Opfer durch Peers, Erwachsene und Institutionen verbessern. Erwachsene, die sich auf die Seite der betroffenen Person stellen, sind ein wirksames Mittel, um Mobbing zu stoppen. Auch die Aktivierung der unbeteiligten Personen sollte in den Fokus genommen werden, damit diese ihre Mitverantwortung erkennen und aktiv beistehen können. Schulen sollten darüber hinaus Ansprechpersonen benennen und Präventionskonzepte erstellen.
4. Auch im 21. Jahrhundert: Sexuelle Doppelmoral. Sexuell aktive Mädchen werden immer noch oft verunglimpft und als »Schlampe« bezeichnet. Dies begünstigt Mobbing durch Jungen und Mädchen. Sexuelle Gleichberechtigung ist auch eine pädagogische Aufgabe.
5. Bei allen sexuellen Aktivitäten sollte ausdrückliches Einverständnis die Grundlage sein. Grenzverletzendes Verhalten ist von einvernehmlichen Aktivitäten klar abzugrenzen.
6. Probleme mit Sexting sind nicht nur »falscher Umgang« mit dem Smartphone, denn hier spiegeln sich grundlegende Fragen des Zwischenmenschlichen, u. a. sexistisches Mobbing von Mädchen, fehlende Unterstützung für Opfer von Mobbing seitens der Erwachsenen, fehlende Sensibilisierung für Privatsphäre,

Schule braucht Medienpädagogik

Voyeurismus, Exhibitionismus oder Narzissmus haben schon immer eine Rolle im sexuellen Miteinander gespielt, jetzt gibt es die Medien dazu und damit neue Möglichkeiten, sich erotisch auszutauschen. Es bleibt wichtige Aufgabe der Erwachsenen, nicht zuletzt der Schule, medienpädagogische und medienrechtliche Aspekte zu thematisieren, sich jedem Mobbing aktiv entgegenzustellen und sich dabei eindeutig zu positionieren.

Cybermobbing: Das Netz vergisst nichts

Cybermobbing bezeichnet ein aggressives Verhalten oder Handeln, das von einer Gruppe oder einer einzelnen Person mittels elektronischer Hilfsmittel wiederholt und über einen längeren Zeitraum hinweg gegen ein Opfer gerichtet ist, welches sich kaum wehren kann[13].

Sexting, wie im vorherigen Absatz beschrieben, kann dabei ein Auslöser sein, doch gibt es noch zahlreiche andere Anlässe/Motive, wie z. B. Neid, Eifersucht oder wenig respektvoller Umgang in der Klasse (Täter/in und Opfer besuchen oft dieselbe Klasse). Im Gegensatz zum Mobbing handelt es sich bei der virtuellen Variante i. d. R. um einen längeren Prozess, bei denen Opfer immer wieder gezielt mit den Angriffen konfrontiert werden – das Netz ist überall und die Opfer werden das Stigma des Opfers nicht mehr los. Die virtuelle Welt kennt keine Schutzräume und das Bewusstsein der Betroffenen, dass bei Verleumdungen, Hänseleien oder Denunziationen immer etwas zurückbleibt, macht es ihnen schwer, sich anderen zu offenbaren, denn die Scham ist oft groß. Wenn hier aber von Täter/in und Opfer die Rede ist, so muss angemerkt werden, dass sich diese Rollen oft vermischen: Täter/innen, die in der Folge selbst gemobbt wurden, sowie umgekehrt viktimisierte Jugendliche, die selbst zum/zur Täter/in werden.[14] »Dieser häufige Rollenwechsel scheint eine Besonderheit des Cybermobbings zu sein, weshalb klassische Täter- und Opferstereotype zu überdenken sind.«[15]

---

13 http://www.klicksafe.de/themen/kommunizieren/cyber-mobbing/cyber-mobbing-was-ist-das/ (gesehen am 30.09.2015)
14 Rache im Netz: Ergebnisse des Forschungsprojekts »Cybermobbing an Schulen«: Ein Drittel der befragten Schüler betroffen /Täter oft auch Opfer http://www.unimuenster.de/news/view.php?&cmdid=3400 (gesehen am 30. 09.2015).
15 Ebenda.

Was es für das Opfer so schwer macht, begünstigt gleichzeitig die Akteur/innen, denn die Hemmschwelle für Angriffe ist im Netz sehr niedrig. Die Tat erfolgt schnell und anonym, Folgen sind zunächst nicht direkt spürbar. Diese Distanz erschwert ein Einfühlen in die Lage des Opfers.

Präventive Aufgaben der Schule liegen in der Vermittlung von Themen wie Datenschutz und Persönlichkeitsrechten. Zudem sollte der Fokus auf dem sozialen Miteinander, dem sozialen Lernen liegen. Die Auswahl im Methodenteil zu diesem Kapitel versucht dem gerecht zu werden. Weiterhin brauchen Schulen Interventionskonzepte, damit im Ernstfall keine Überforderung eintritt. Dort wären wesentliche Fragen zu klären: Erste Schritte? Schutz des Opfers? Wie werden Schulsozialarbeiter/innen und Schulpsycholog/innen eingebunden (Hedtke 2015: 8)? Eventuell ist präventiv auch über die Ausbildung sog. Peers, das sind andere Schülerinnen und Schüler, nachzudenken, die Betroffene zunächst auf Augenhöhe beraten können, ohne dass gleich Lehrer/innen, Eltern oder Polizei etwas davon erfahren müssen. Derartig niedrigschwellige Ansätze haben sich vielerorts schon bewährt.

Soziales Lernen für ein gutes Schulklima

Cybermobbing scheint fast eine »normale« Erscheinung an deutschen Schulen zu sein. Wissenschaftliche Erkenntnisse weisen darauf hin, dass dieses Phänomen eng mit dem Klima an Schulen verbunden ist. Soziales Lernen sollte ein wesentlicher Bestandteil als Querschnittsthema sein, dadurch erhalten Lehrer/innen eher Hinweise, wenn etwas nicht so gut läuft und können daher früher intervenieren. Für gelingende Interventionen braucht es Konzepte, die den Schutz des Opfers voranstellen und der möglichst schnellen Beendigung des Mobbings dienen.

Methodenteil

Pornografie: Einstellungssache – Richtig oder falsch?

Zielgruppe und Zeitumfang	Ab Jahrgangsstufe 8, ca. 45 Minuten
Intention	Annäherungsübung zum Thema und der Möglichkeit einer sachlichen Diskussion
Ziele	Selbsteinschätzung bei Fragen rund um das Thema Pornografie
Material	Vorbereitete Positionen auf DIN-A-4: »stimme zu/weiß nicht/stimme nicht zu«, Fragenkatalog (s. nächste Seite)
Verlauf und Instruktion	Teil 1 – Fragebogen Auf dem Fragebogen befinden sich 17 Behauptungen, die ganz bewusst provokant formuliert sind. Hinter jeder These gibt es die Möglichkeit, »richtig«, »weiß nicht« oder »falsch« anzukreuzen. Wichtig: Die Jugendlichen sollen nicht lange überlegen, sondern spontan und »aus dem Bauch heraus« ankreuzen. Es geht nicht darum, Antworten anzukreuzen, die Lehrkräfte und pädagogische Fachkräfte gerne hören würden. Der Fragebogen ist anonym, er bleibt bei den Jugendlichen und wird nicht eingesammelt! Teil 2 – »Raumskala« Die Sitzordnung muss so geändert werden, dass ein breiter Mittelgang oder eine breite stuhlfreie Diagonale im Raum entsteht. Die pädagogische Fachkraft verteilt 3 DIN-A4-Blätter mit den Aufschriften »stimme zu/weiß nicht/stimme nicht zu« entlang dieser Längs- bzw. Diagonalachse. Die pädagogische Fachkraft oder ein/e Jugendliche/r verliest einige Thesen und bittet um Positionierung. *Mögliche Leitfragen:* »Warum steht ihr auf dieser Position? Welche Argumente habt ihr dafür? Wer hat ein Gegenargument?«
Nachbearbeitungs- und Einsatzmöglichkeiten	In der Regel können vier bis fünf Thesen diskutiert werden, dann lässt meist die Aufmerksamkeit deutlich nach. Danach gibt es je nach Fach vielfältige Möglichkeiten der Weiterarbeit, da bei dem aufgeladenen Thema eine Versachlichung eingetreten ist.

Praxistipp für Lehrer/innen	Minderheitenpositionen stärken und stützen! Wenn zu einer These eine allzu einheitliche Gruppenposition besteht, dann können Sie als Lehrer/in aus ihrer Leitungsrolle vorübergehend aussteigen (deutlich markieren: »Ich moderiere jetzt nicht mehr, sondern diskutiere mal kurz mit.«) und provokante Gegenargumente im Sinne eines »advocatus diaboli« (Gegenredners) formulieren.

Diese Methode wurde beschrieben vom Sexualpädagogischen Team der pro familia München e.V. und erschien erstmals in: klicksafe (Hrsg.): Let´s talk about Porno. Ludwigshafen 2011, S. 86.

Pornografie: Einstellungssache – Richtig oder falsch?/Die Thesen

1. Mädchen haben nicht so viel Spaß beim Sex wie Jungen.
   ☐ richtig
   ☐ weiß nicht
   ☐ falsch
2. Wer zu oft Pornos anschaut, wird süchtig danach.
   ☐ richtig
   ☐ weiß nicht
   ☐ falsch
3. Pornos zeigen nur Sex, der auch im wirklichen Leben stattfinden könnte.
   ☐ richtig
   ☐ weiß nicht
   ☐ falsch
4. Es ist gut, dass es im Internet keine Tabus mehr gibt.
   ☐ richtig
   ☐ weiß nicht
   ☐ falsch

5. Vieles von dem, was man im Internet zum Thema Sex findet, ist einfach krank.
   ☐ richtig
   ☐ weiß nicht
   ☐ falsch
6. Im Internet ist man mit Problemen nicht mehr allein.
   ☐ richtig
   ☐ weiß nicht
   ☐ falsch
7. Wenn man noch so viele Erfahrungen hat, kann man bei Pornos im Internet einiges Sinnvolles lernen.
   ☐ richtig
   ☐ weiß nicht
   ☐ falsch
8. Mädchen schauen eigentlich genauso gern Pornos an wie Jungen, trauen sich aber nicht, das zuzugeben.
   ☐ richtig
   ☐ weiß nicht
   ☐ falsch
9. Jugendliche, die über das Internet eine feste Freundin/einen festen Freund kennenlernen wollen, sind beziehungsgestört.
   ☐ richtig
   ☐ weiß nicht
   ☐ falsch
10. Pornos sollten spätestens ab 16 Jahren erlaubt sein.
    ☐ richtig
    ☐ weiß nicht
    ☐ falsch
11. Wenn Jungen zu viele Pornos gesehen haben, werden sie von ihrer Freundin bald total perverse Sexpraktiken verlangen.
    ☐ richtig
    ☐ weiß nicht
    ☐ falsch

12. Pornos sind v.a. frauenfeindlich; Männer werden eher realistisch dargestellt.
    ☐ richtig
    ☐ weiß nicht
    ☐ falsch
13. Weil heutzutage in Talkshows offen über Sex geredet wird, trauen sich die Leute eher, in ihrer eigenen Beziehung intime Dinge zu besprechen.
    ☐ richtig
    ☐ weiß nicht
    ☐ falsch
14. Wer Pornos eklig findet, ist eigentlich ziemlich verklemmt.
    ☐ richtig
    ☐ weiß nicht
    ☐ falsch
15. Wer bei facebook gut rüberkommen will, muss einfach auch ein sexy Bild von sich drin haben.
    ☐ richtig
    ☐ weiß nicht
    ☐ falsch
16. Um sinnvoll über Pornografie diskutieren zu können, muss man eigentlich im Unterricht Beispiele anschauen.
    ☐ richtig
    ☐ weiß nicht
    ☐ falsch
17. Pornodarsteller zu sein, ist ein Job wie jeder andere Schauspielerjob.
    ☐ richtig
    ☐ weiß nicht
    ☐ falsch

Sexting/Pornografie: Whatsface – das Interview

Zielgruppe und Zeitumfang	Ab Jahrgangsstufe 8, 60–90 Minuten
Intention	Spielerisch sensibilisieren und Reflektionspotentiale aktivieren für einen Themenbereich, der den Erwachsenen oft nicht zugänglich ist.
Ziele	Partizipation der Zielgruppe durch deren Einbeziehung, Reflexion von Pornographie und den Umgang mit Sexting, Sensibilisierung für das eigene Medienverhalten in Bezug auf Sexting, Stärkung der Medienkompetenz, Reflexion tradierter Rollenbilder in Bezug auf Sexualität
Material	Kopierter Fragezettel (s. nächsten Seiten), Stuhlkreis
Verlauf und Instruktion	Die Gruppe setzt sich in einen Stuhlkreis. Die Lehrkraft erklärt, dass nun verschiedene Fragen zu den Themenbereichen soziale Netzwerke (diese direkt benennen), Pornographie & Sexting gestellt werden. Zu Beginn erinnert man die Jugendlichen auch daran, dass sie nicht auf jede Frage antworten müssen (Freiwilligkeit). Die vorgegebenen Fragen werden nacheinander vorgelesen und bei Zustimmung wir eine Hand gehoben.
Nachbearbeitungs- und Einsatzmöglichkeiten	Methode in sozial- oder sexualpädagogischer Veranstaltung. Geeignet als Einstieg z. B. für weitere medienpädagogische Arbeit, im Ethikunterricht etc.
Praxistipp für Lehrer/innen	Dadurch, dass gerade die sozialen Netzwerke immer auch im Wandel sind, müssen diese gegebenenfalls gegen aktuellere ausgetauscht werden. Im Rahmen einer Schweigepflicht lassen sich alle Themen ansprechen. Es muss entsprechend der Schüler/innen entschieden werden, welche Fragen relevant sind. Die Lehrkraft soll nachfragen und zu einer möglichst offenen Diskussion anregen. Die Frage 9e sollte nur im Rahmen der Schweigepflicht gestellt werden, beispielsweise im Rahmen einer sexualpädagogischen Veranstaltung mit einer externen Fachkraft.

Diese Methode wurde entwickelt von Alexander Daum (AWO Aidsprävention & Sexualpädagogik Münster) und ist in diesem Werk erstmalig veröffentlicht.

Sexting/Pornografie: Whatsface – das Interview

Themenblock Eins:

Wer meint facebook ist out! [Ja – Nein]
Warum ist facebook out?
Liegt es daran, dass z. B. auch Eltern dort zu finden sind?
Meint ihr, dass es einen Unterschied zwischen den Altersgruppen gibt?
Was ist besser bzw. schlechter an den anderen sozialen Netzwerken?
Welche sozialen Netzwerke sind bei Jugendlichen gerade in bzw. out?
Welche nutzt ihr? (WhatsApp, Instagram, Snapchat, Twitter ...)
Welche Apps gefallen euch besonders gut?

Bei mir ist alles, was im Internet über mich steht, wahr!
Welchen Angaben waren nicht korrekt? Hast du die falschen Angaben selber gemacht oder haben dies andere getan (z. B. etwas über dich geschrieben)?
Habt ihr schon mal ein Foto/Video mit einem Bearbeitungsprogramm verändert und hochgeladen (z. B. für Instagram, Youtube etc.)?
Überprüft ihr (regelmäßig), was über euch im Internet steht?

Wer kann sich vorstellen, sich über mailen oder chatten in jemanden zu verlieben, wenn man nur ein Profilfoto kennt oder sich »nur« über Skype gesehen hat?
Wieso kannst Du dir das (nicht) vorstellen?
Habt ihr das selber schon einmal erlebt?
Wie findet ihr Dating Apps? (Tinder, Lavoo, dbna, Lesarion etc.)
Habt ihr schon mal welche ausprobiert?

Themenblock Zwei:

Habt ihr schon mal einen Porno auf dem Smartphone oder dem Computer gesehen?
Wie findet ihr Pornographie?
Glaubt ihr, dass Jugendliche beim Schauen Selbstbefriedigung machen?
Kann das regelmäßige Schauen süchtig machen oder sogar desensibilisieren?
Habt ihr schon mal auf pornographischen Seiten bei dem »bist du 18« Feld auf Nein geklickt?
Gab es Dinge, die euch beim Schauen abgeschreckt oder geschockt haben?
Ist das schauen über ein Smartphone/Laptop sicher? (Kamera!)

Stellt euch vor, ihr guckt mal auf den Laptop oder das Handy eures/eurer Partner_in und entdeckt dort Pornos. Wäre es für dich in Ordnung, wenn dein/e Freund_in Pornos schaut?
Könnt ihr eure Meinung begründen?
Glaubt ihr, dass Jungen anders als Mädchen in dieser Situation reagieren?
Ist es ein Vertrauensmissbrauch gegenüber der Partner_in oder sogar fremdgehen?

Sind Pornos männer- und frauenfeindlich?
Was empfindet ihr als feindlich?
Was ist realistisch bzw. nicht realistisch?
Wie müsste ein realistischer Pornofilm aussehen?

Wenn ihr bestimmen könntet, dass Pornofilme für Jugendliche tatsächlich nie mehr zugänglich sind, wärt ihr dann dafür?
Erkläre aus welchen Gründen?
Warum ist Geschlechtsverkehr in Deutschland ab 14 Jahren erlaubt, aber Pornos schauen erst ab 18 Jahren?

Themenblock Drei:

Wer meint, Sexting ist das gleiche wie Pornographie!
Was ist der Unterschied?
Sind Sexting Fotos/Videos Kinder- oder Jugendpornografie?

Wer hat schon mal ein Sexting-Bild/Video gesehen, eine Sexting Voicemessage gehört oder einen Sexting Text gelesen?
Sind es außergewöhnliche Dinge, die ihr da seht? (z. B. Selbstbefriedigung)
Wo habt ihr das gesehen, gehört oder gelesen? Auf fremden Smartphones, wurde euch das Video/Foto von anderen Leuten zugeschickt?
Bei Nein: Hast du es bewusst abgelehnt?
Findet ihr etwas an den Fotos/Videos, die ihr von anderen gesehen habt, schlimm?
Habt ihr selber schon mal eins weitergeleitet? (strafbar)
Sollte man Nacktbilder von sich verschicken? Wenn ja: Worauf sollte mach achten, wenn man Bilder von sich verschickt?
Stell dir vor, es würde ein Bild von dir in der Schule kursieren, was würdest/kannst du tun?

Wer hat schon mal was gemacht, dass er oder sie später bereut hat?
Was hast du gemacht bzw. nicht gemacht?
Welche Personen waren davon betroffen? Welche Folgen hatte die Aktion?
Was glaubt ihr, wie es den sogenannten »Sexting-Opfern« geht?

Wer meint die Person auf dem Foto/Video trägt die alleinige Schuld an ihrer Situation?
Wer schickt diese Bilder weiter? (Partner_in, andere & manchmal die Person selbst)
Warum schicken so viele »unbeteiligte« Menschen die Bilder/Videos weiter?
Aus welchen Motiven werden solche Bilder gemacht?
Senden Menschen eher ein Bild/Video, wenn sie verliebt sind?

Darf man seiner/m Partner_in niemals 100 %tig vertrauen?
Können solche Bilder auch als Druckmittel benutzt werden?
Wie wird mit allen beteiligten Personen an Schulen umgegangen?

Gibt es einen Unterschied in den Reaktionen, wenn ein Junge oder ein Mädchen auf dem Foto/Video zu sehen ist?
Wie sieht dieser Unterschied aus? (Geschlechterklischees)
Bilder von Mädchen werden eher weitergeleitet, wieso ist das so?

Könntet ihr euch vorstellen, mit einem »Sexting-Opfer« befreundet zu sein?
Was denken Menschen über die Persönlichkeit von »Sexting Opfern«?
Wie sehen dich andere, wenn Du zu ihr/ihm stehst?
Welche Reaktionen könnte es geben?

Diese Methode wurde entwickelt von Alexander Daum (AWO Aidsprävention & Sexualpädagogik Münster) und ist in diesem Werk erstmalig veröffentlicht.

Cyber-Mobbing/Kommunikation: »So sehe ich dich ...!«

Zielgruppe und Zeitumfang	Jahrgangsstufe 6–10 und älter, geschlechtshomogene Jungen- oder Mädchengruppe, in bestimmten Fällen auch gemeinsam, für ca. 8–14 Schüler/innen, je nach Gruppengröße und Intensität inklusive Nachbesprechung ca. 45–90 Minuten.
Intention	Unter Anleitung gegenseitig Wahrnehmungen mitteilen, partnerschaftliche, auf Lösungen ausgerichtete Kommunikation erlernen.
Ziele	Gewalt und Aggression im Umgang (Sprache) offenlegen und Grenzen verdeutlichen. Aber auch: Stärkung der Persönlichkeit
Material	Vorbereitete Zahlenkärtchen, evtl. die drei Aussagekategorien als DIN-A4-Vorlage zur Visualisierung und Orientierung.

Verlauf und Instruktion	Jede/r Schüler/in (S) bekommt eine Zahl zugewiesen nach Gruppengröße, z. B. bei 14 TN gibt es die Zahlen von 1–14. Aus dem vorbereiteten Pool zieht jede/r S eine weitere Zahl, diese markiert die Person des Empfängers. Der/die S Nr. 1 dürfte jetzt z. B. bei gezogener »sieben« der Person Nr. 7 eine Rückmeldung unter den folgenden Kategorien geben: An dir finde ich gut … An dir gefällt mir nicht so gut … Das wünsche ich mir von dir … Dabei steht der/die Rückmeldegeber/in im Kreis, während der/die Empfängerin unter den anderen Personen im Stuhlkreis sitzt. Jede Person ist somit einmal Empfänger/in und einmal Rückmelder/in. Auswertung: Wie erging es mir in der Rolle des/der Empfänger/in? Hat mich etwas überrascht an meiner Wirkung auf andere? Wie erging es mir in der Rolle der/des Rückmelders/in? Was war gut, was war schwierig?
Nachbearbeitungs- und Einsatzmöglichkeiten	Intensivübung für eine Projektreihe mit mehreren Veranstaltungen oder einen ganzen Projekttag. Heikle Themen und Grenzen müssen weder von der Lehrkraft aufoktroyiert noch benannt werden, da die wichtigen Themen im Gruppenprozess hervortreten.
Praxistipp für Lehrer/innen	Moderieren und das Einhalten der Regeln beachten! Diese können je nach Gruppe variieren. Wichtige Regeln: Alles bleibt im Raum! Keine Beschimpfungen und/oder Beleidigungen! Keine negativen Auswirkungen nach Abschluss der Übung (»Dem verpass´ ich aber eine …, der werde ich´s noch zeigen« etc.)

Diese Methode wurde beschrieben von Jörg Nitschke und Petra Winkler (pro familia Berlin) und erschien erstmals in: Timmermanns, Stefan/Tuider, Elisabeth: Sexualpädagogik der Vielfalt. Weinheim und München 2008, S. 86/87 (2. Auflage 2012, S. 84/85).

Sexuelle Gewalt

Die Enttabuisierung von sexueller Gewalt hat sich in unserer Gesellschaft verstetigt. Beginnend mit der Aufdeckung von sexuellem Missbrauch im Familienkreis und nahem sozialen Umfeld von Kindern und Jugendlichen, wurden nach und nach weitere Formen sexueller alltäglicher Gewalt enttarnt. Die Aufdeckung von Missbrauchsfällen verübt durch katholische Geistliche, wie auch in der reformpädagogischen Odenwaldschule vor einigen Jahren, führte zu einer erhöhten Aufmerksamkeit gegenüber Vorkommnissen sexueller Gewalt in Institutionen. Die Beschäftigung mit sexueller Gewalt hat zu vielen neuen Forschungsergebnissen geführt, wobei zwei wesentliche Erkenntnisse hervorstechen. Zum einen, wenn auch eine explizite Datenlage zum Dunkelfeld (sexueller) Gewalt in Institutionen fehlt, lässt sich feststellen, dass es alle Phänomene sexueller

Gewalt schon immer gegeben hat. Zum anderen ist sexueller Missbrauch in Familien, im sozialen Umfeld und in Institutionen kein zufälliges Geschehen. Täter/innen, auch in Einrichtungen, bereiten einen Missbrauch in der Regel dezidiert vor. Die Folge davon ist eine erhebliche Erschwernis, solche Taten zu erkennen oder aufzudecken. Alle geschlossenen Systeme, wie beispielsweise Internate, begünstigen das Vorhaben, sexuelle Gewalt auszuüben. Aber auch Regelschulen sollten dem Thema gegenüber wachsam sein und ihre Präventions- und Schutzkonzepte überprüfen. Sexuelle Bildung kann dabei unterstützen, eine Kultur des Hinschauens und Miteinandersprechens über Sexualität zu ermöglichen (isp 2010: 2). Formen sexueller Gewalt kommen auch unter Kindern und Jugendlichen selbst vor, weshalb Schule hier eine wichtige Präventionsaufgabe übernehmen kann.

Begriffe und Definitionen erschweren den Diskurs und die Wahrnehmung

In fachlichen Diskursen und in der Literatur werden unterschiedliche Begriffe verwendet, um Formen der sexuellen Gewalt zu beschreiben: sexueller (Kindes-)Missbrauch, sexuelle (Kindes-)Misshandlung, sexuelle Gewalt, sexualisierte Gewalt, sexuelle Ausbeutung, sexuelle Übergriffe, sexuell grenzverletzendes Verhalten etc. (Herzig 2010: 3).

Insbesondere der Begriff »sexueller Missbrauch« wurde kritisch hinterfragt, da er suggeriere, dass es einen positiven und negativen Gebrauch von Kindern geben könnte. Sexuelle Selbstbestimmung bedeutet, dass bereits Kinder lernen können, dass sie Rechte haben. Der Gesetzgeber sieht besondere Schutzmaßnahmen vor, um Heranwachsenden diese Rechte einzuräumen, betont aber dabei gleichzeitig, dass diese auf Unterstützung und Begleitung durch Erwachsene angewiesen sind. Die Benutzung des Begriffs »sexueller Missbrauch« hat sich dennoch im gesellschaftlichen Diskurs durchgesetzt, zumal wir ihn als juristischen Terminus im Strafgesetzbuch wiederfinden. Oft synonym verwendet, zumindest jedoch nicht ganz eindeutig in der Abgrenzung, erscheinen die Begriffe »sexualisierte Gewalt« und »sexuelle Gewalt«.

»Sexualisierte Gewalt betont primär, dass die Gewalt im Vordergrund steht und sexualisiert wird. Sexuelle Gewalt hebt im Vergleich zu physischer und psychischer Gewalt hervor, dass die Gewalt mit sexuellen Mitteln ausgeübt wird« (Heynen 2010: 20).

Die Autor/innen dieses Bandes verwenden nachfolgend den Terminus »sexuelle Gewalt«, weil er alle Begrifflichkeiten ohne die Betonung verschiedener Aspekte mit einbezieht.

Fachkräfte in Institutionen sehen ihre Aufgabe darin, Kinder und Jugendliche vor gewaltsamen Instrumentalisierungen zu schützen. Die möglichen Erscheinungsformen im Zusammenspiel von Sexualität und Gewalt können Einzelne, Teams und Institutionen schnell überfordern oder individuell sehr unterschiedlich eingeschätzt bzw. bewertet werden. Offene Fragen in diesem Kontext sind: Wo ist der Übergang von einer Anmache zu einer ungebetenen Grenzüberschreitung? Was ist der Unterschied zwischen sexueller Gewalt und einer gewaltigen Sexualität? (Sielert 2013: 28). Anhand eines Beispiels soll die Problematik an dieser Stelle veranschaulicht werden:

> Zwei 9-jährige Jungen ziehen auf dem Schulhof einem 8-jährigen Mädchen die Unterhose herunter[16] (Philipps 2003). Wie bewerten Sie als Lehrkraft dieses Verhalten? Handelt es sich hierbei um einen Ausdruck von Neugier und Übermut oder um einen sexuellen Übergriff? Und bitte fragen Sie sich: Würden Sie die Situation anders beurteilen, wenn nicht die Jungen, sondern die Mädchen

---

16 Philipps, Ina-Maria/Valtl, Karlheinz: Beiderseits der Grenze. Das Aggressive in der Sexualität, Vortrag am 10.10.2003 in München, https://www.isp¬dortmund.de/downloadfiles/Vortrag_Dokumentation.pdf (gesehen am 03.11.2015)

> den aktiven Part übernommen hätten? Um hier den Stellenwert des Sexuellen wieder zu normalisieren, kann es hilfreich sein, die Fragestellung zu verändern. Wie würden Sie sich verhalten, wenn dem Mädchen/Jungen die Mütze vom Kopf gerissen wurde? Wie bewerten Sie dieses Beispiel? Zuweilen schwebt das Thema Sexualität auch zu bedeutungsschwer-bedrohlich über der Situation.

Eine allgemeingültige Definition zum Begriff der sexuellen Gewalt existiert nicht. Vielmehr versuchen unterschiedliche Definitionen und Forschungsinteressen verschiedene Akzentuierungen hervorzuheben, um die Einschätzung einer konkreten Situation zu erleichtern. Doch keine einzelne Definition kann allen in der Realität vorkommenden Fällen gerecht werden (Herzig 2010: 4). Dies erschwert die Klassifikation einer Handlung als sexuelle Gewalt, weshalb in der Fachliteratur verschiedene Kriterien genannt werden, die bei der Einschätzung hilfreich sein können, wie beispielsweise ein Machtgefälle zwischen den beteiligten Personen. Diese Kategorie ist bei sexuellen Handlungen gegenüber Kindern, wenn sie von Erwachsenen vorgenommen werden, hilfreich. Wenn es aber zu sexuellen Grenzverletzungen unter Kindern oder Jugendlichen kommt, greift diese Zuordnung nicht. Neben den Altersunterschieden[17] kann die Intention des Täters/der Täterin, das Gefühl des Opfers, die Folgen und Dauer der sexuellen Gewalt, der Einsatz von Zwang und anderen Formen der Gewalt sowie der Aufbau eines Geheimhaltungsdrucks und mangendes Einfühlungsvermögen etc. Schädigungen mindern oder erhöhen (ebd.).

Sexuelle Grenzverletzungen wurden in der Vergangenheit von Seiten der Institutionen größtenteils geleugnet. Gleichfalls besteht

---

17 Das Kriterium Altersunterschied kann bei sexuellen Handlungen unter Kindern hilfreich sein. Dieses Beispiel macht aber deutlich, dass es nicht für sich alleine stehen kann. So finden sich in Präventionsbroschüren Angaben zum Altersunterschied bei kindlichen Doktorspielen von max. 1 Jahr – 5 Jahre Unterschied, was zur weiteren Verunsicherung der Fachkräfte beiträgt.

aber auch die Gefahr, dass aus einer (möglicherweise) unbeabsichtigten Grenzüberschreitung ein Missbrauchs- oder Gewaltverdacht entstehen kann. Die Gesellschaft und das soziale Umfeld ist durch die medialisierte, alltägliche und institutionelle Aufbereitung der Thematik um sexuelle Gewalt »hypersensibilisiert«. So geht es in Institutionen und bei den Einzelnen immer darum, eine gute Balance zwischen Hingucken bzw. Wahrnehmen und Wegschauen bzw. Bagatellisieren hinzubekommen. Eine Überreaktion kann einer betroffenen Person, unabhängig vom Alter, gleichfalls schaden (vgl. Enders et al 2012: 31).

Um einen fachlich angemessenen Umgang zu finden, bedarf es einer Differenzierung. So kann unterschieden werden zwischen:

- Grenzverletzungen, die unabsichtlich verübt werden und/oder aus fachlichen wie persönlichen Unzulänglichkeiten oder aus einer »Kultur der Grenzverletzungen« resultieren.
- Sexuellen Übergriffen, die Ausdruck eines unzureichenden Respekts gegenüber Mädchen und Jungen, grundlegender fachlicher Mängel und/oder einer gezielten Vorbereitung eines Missbrauchs/Machtmissbrauchs sind.
- Strafrechtlich relevanten Formen sexueller Gewalt, wie z. B. sexuelle Nötigung, sexueller Missbrauch von Kindern, Jugendlichen oder Schutzbefohlenen, Vergewaltigungen, exhibitionistische Handlungen usw. (Ebd.)

Das Streben nach Gewissheit

Gerade beim Thema sexuelle Gewalt wünschen sich die helfenden Personen Sicherheit, Klarheit und Eindeutigkeit. Die Höhe der Prävalenz (Häufigkeit), also die Fallzahlen der Verbreitung sexueller Gewalt in der Bevölkerung, hängt sehr stark davon ab, was genau erforscht und unter welcher Fragestellung eine Studie erstellt wurde. Dabei kann der Untersuchungsgegenstand zum Beispiel die Eruierung von sexuellen Übergriffen unter Jugendlichen sein, oder es kann der sexuelle Missbrauch in den Fokus genommen werden. Im letztgenannten Bereich existiert mit einer Repräsentativbefragung des Kriminologischen Forschungsinstituts Niedersachsen e.V. (2011), die eine Wiederholung und Erweiterung der Vorgängerstudie von 1992 darstellt, eine sehr gute Datenlage. Befragt wurden 11.428 Personen (48,1 % männlich, 51,9 % weiblich), ca. 20 % der befragten Personen weisen einen Migrationshintergrund auf. In dieser Studie berichten 6,7 % der weiblichen und 1,4 % der männlichen Befragten von einem erlebten sexuellen Missbrauch mit Körperkontakt. Vergleicht man die Statistiken der letzten Jahre ist hier ein deutlicher Rückgang zur Erhebung von 1992 (9,6 %, 3,2 %) zu erkennen. Da sich auch die Anzeigebereitschaft stark erhöht hat, kommen die Autor/ innen zu der Hypothese, dass der Tatendrang potentieller Täter/ Täterinnen aus Angst, entdeckt zu werden, und vor Strafverfolgung gedämpft sein könnte. Die rückläufigen Prävalenzen stehen nicht im Widerspruch zu der erhöhten öffentlichen Wahrnehmung im sog. Hellfeld. Anders gesagt: Aus einer kleineren Betroffenengruppe heute kommen deutlich mehr Anzeigen als aus einer größeren Betroffenengruppe vor 20 Jahren. Vermutet wird darüber hinaus, dass die gestiegene Anzeigebereitschaft mit einem veränderten öffentlichen Diskurs sexueller Themen zusammenhänge. Ein weiteres auffälliges Ergebnis der Studie ist: Bei den weiblichen Betroffenen ereignen sich 8,3 % der Missbrauchsfälle mit Körperkontakt durch bekannte erwachsene Täter in der Institution Schule (z. B. Lehrer oder Hausmeister resp. das weibliche Pendant). Die Ergebnisse deuten daraufhin, dass sich die Schulen sehr wohl mit der Problematik auseinandersetzen müssen.

Im Jahre 2011 wurden ebenfalls Ergebnisse des Forschungsprojektes »Sexuelle Gewalt gegen Mädchen und Jungen in Institutionen« des Deutschen Jugendinstituts e.V. vorgelegt. Ziel dieser Studie war es nicht, das Dunkelfeld sexueller Gewalt in Institutionen aufzuhellen, sondern aufgrund von Angaben und Einschätzungen von Leitungspersonen in Schulen, Internaten und Heimen die Anzahl der Verdachtsfälle sexuellen Missbrauchs zu eruieren, mit denen sich diese Institutionen auseinandersetzen müssen (Helming 2011: 13). Die Daten basieren auf einer repräsentativen schriftlichen Befragung von 1.128 Schulleitungen, 702 Lehrkräften, 97 Internatsleitungen, 77 (ehemaligen) Schülervertretungen und 324 Heimleitungen. Die Analyse zeigte eine insgesamt hohe Belastung der Institutionen mit Verdachtsfällen sexueller Gewalt. Rund die Hälfte der befragten Schulen, knapp 70 % der Internate sowie mehr als 80 % der Heime hatten sich in jüngerer Vergangenheit mit Vorfällen sexueller Gewalt auseinandersetzen müssen. Der Anteil der Verdachtsfälle, die im Zusammenhang mit dem Personal an den jeweiligen Einrichtungen stehen (3,1 %–10,2 %) fällt verglichen mit Vorfällen, die ihren Ursprung außerhalb haben (30,8 %–48,5 %) eher gering aus (Langmeyer 2011: 5). Gleichwohl wird anhand dieser Ergebnisse deutlich, dass Schulen hier geeignete vorbeugende Maßnahmen zu treffen haben. Zumal davon auszugehen ist, dass die Äußerung oder Wahrnehmung von Verdachtsmomenten gegenüber einem/einer Kollegen/Kollegin immer noch schwerfällt und im Zweifelsfall lieber geschwiegen wird. Es reicht demnach nicht aus, nur Projekte mit Schüler/innen durchzuführen, sondern Fortbildungen für Lehrkräfte, Bildungsveranstaltungen für Eltern und Bezugspersonen sowie institutionelle Schutzkonzepte müssen gleichfalls verortet werden.

Prävention muss auf verschiedenen Ebenen stattfinden

Prävention bezieht sich zunächst ganz allgemein auf die Vorbeugung gegen mögliche Gefährdungen und auf die Vermeidung von Risiken. Da Kinder und Jugendliche potentiell Opfer sexueller Gewalt werden können und den Schulen hier ein Erziehungsauftrag staatlicherseits zugeschrieben wird, sollte die Institution Schule Prävention gegen sexuelle Gewalt auf verschiedenen Ebenen angehen. Wie bei anderen Präventionskonzepten (z. B. Suchtvorbeugung) wird unterschieden zwischen primärer, sekundärer und tertiärer Prävention.

Unter primärer Prävention werden alle Maßnahmen verstanden, die sexueller Gewalt vorbeugen (können). Für die Schule können derartige Maßnahmen in der Fort- und Weiterbildung der Lehrkräfte und in sicheren Rahmenbedingungen für Schüler/innen bestehen. Dabei muss man sich jedoch von der Vorstellung verabschieden, dass es an einem Ort eine hundertprozentige Sicherheit geben kann. Auch die Erarbeitung einer Konzeption und von Handlungsleitlinien zum Umgang mit der Kenntnis von sexueller Gewalt (Präventionsordnung) hat sich als sinnvoll und handlungsorientierend bewährt. Laut einer Untersuchung des Deutschen Jugendinstitutes 2011 (ebd.) hatten nur ca. 20 % der befragten Schulen ein Konzept zum Umgang mit sexueller Bildung und/oder Gewalt. Dem liegt nicht selten die Haltung zugrunde, dass diese nicht gebraucht wird, weil es solche Vorkommnisse in den Schulen nicht gibt. Der Schule kommt aber an dieser Stelle ein besonderer Schutzauftrag zu. Machtmissbrauch und Gewalt gegenüber Abhängigen kommen jedoch in allen Institutionen der Erziehung, Bildung, Freizeit, psychosozialen und gesundheitlichen Versorgung vor (Fegert et al 2006: 8).

Die direkte und kontinuierliche Arbeit mit Kindern und Jugendlichen sollte als ein Bildungs- und Erziehungsauftrag verstanden werden, den es zu verstetigen gilt. So gibt es beispielsweise externe Angebote, die Lehrer/innen dabei unterstützen können. Damit ist die Bearbeitung des Themas aber keinesfalls erschöpft. Nachhaltigkeit kann nur durch ein Zusammenspiel von fächerübergreifenden Unterrichtsinhalten und der Inanspruchnahme von externen Angeboten erzielt werden. Da sehr viele Faktoren auf potentiellen Präventionserfolg einwirken, ist dieser nur schwer zu erforschen oder empirisch zu belegen. Doch manche Effekte sind sehr naheliegend. So kommt es scheinbar paradoxerweise nach intensiven primärpräventiven Angeboten zu einer Steigerung der Prävalenzen, was aber vermutlich daran liegt, dass Kinder und Jugendliche sprachfähig geworden sind, das Erlebte besser einordnen können und Vertrauen gefasst haben, sich zu äußern bzw. Hilfe zu holen. Ein Indiz dafür, dass die Verantwortung nicht bei den Betroffenen anzusiedeln ist. Inwieweit sie sich zukünftig besser gegen sexuelle Gewalt schützen können, ist nicht eindeutig festzustellen. Gesichert ist aber die Erkenntnis, dass Schüler/innen sich wünschen, in der Schule mehr über solche Themen zu erfahren (Heßling/Bode 2015: 34 ff.) und dass es ihnen besser gelingt, über derartige Ereignisse zu sprechen. Die primäre Prävention ist somit eine wichtige Voraussetzung für die sekundäre und tertiäre. Im Übrigen bedeutet Prävention nicht Erziehung zum Nein-Sagen. Es gibt viele Situationen, in denen die Gefühlslage von Heranwachsenden nicht berücksichtigt werden kann (u. a. Schulpflicht). Vielmehr kann die Institution Schule dazu beitragen, Kindern und Jugendlichen zu vermitteln, welche Facetten sexuelle Selbstbestimmung beinhalten kann. Kinder und Jugendliche erhalten durch Sexualaufklärung eine Orientierung sowie Sprach- und Kommunikationskompetenz. Zusätzlich kann die Wertschätzung des »Ich« und der von anderen auf dem Weg zu einer verantwortungsvollen Sexualität begleitet werden. Das Vertrauen in sich und andere, Grenzen bei sich zu erkennen, diese zu benennen und zu artikulieren, fördert die Selbstkompetenz von Heranwachsenden. Ihre Haltung als Lehrkraft zum Thema sexuelle Gewalt ist dabei nicht unerheblich. Sie sind eine Autoritäts- und Vertrauensperson, die insbesondere in der Pubertät als grenzsetzende Instanz Regeln setzen und verorten kann. Uneindeutigkeit und Ambivalenz finden sich bei Schüler/innen besonders in der Pubertät. Eine gute Begleitung akzeptiert diese Suchbewegung der Jugendlichen und bietet dort, wo es nötig ist, Unterstützung an. Sekundäre und tertiäre Prävention sollte auch in Schulen möglich sein.

Bei der sekundären Prävention sollen bereits bestehende sexuelle Gewalthandlungen beendet werden. Deshalb wird in diesem Zusammenhang auch von abstellender Prävention gesprochen. Je eher sexuelle Gewalt erkannt wird, desto besser ist es für die betroffenen Schüler/innen. Entsprechend notwendige Schritte können frühzeitig eingeleitet werden. Aber Vorsicht, dieses sollte nicht unprofessionell geschehen. Überstürztes Handeln und blinder Aktionismus kann negative Effekte für die betroffenen Personen mit sich bringen. Wenn es kein abgestimmtes Vorgehen von Seiten der Schule gibt, das in schriftlicher Form vorliegt, ist es sinnvoll, sich fachliche Unterstützung von außen zu holen. Eine externe Fachberatung ist auch für alle am Prozess Betroffenen nützlich, wenn es bereits Handlungsempfehlungen gibt.

Bei der tertiären Prävention geht es um Aufarbeitung von erlebter sexueller Gewalt. Diese findet in der Regel in einem beraterischen oder therapeutischen Setting, z. B. in einer Beratungsstelle, je nach Ausmaß der sexuellen Übergriffe statt. Die Aufgabe der Schule liegt dann in der möglichst sensiblen und wachsamen Begleitung der betroffenen Schüler/innen. Dazu zählt die Normalisierung des Alltags sowie Schutz vor Re-Traumatisierungen und/oder Doppelviktimisierungen durch andere Schüler/innen. Für die Schulleitung stellt sich im Falle einer Beteiligung von Personal an den sexuellen Übergriffen die Frage nach personalrechtlichen Konsequenzen.

Sexuelle Gewalt, Prävention und Schule

In allen Institutionen findet die Ausübung von Macht statt. Deshalb ist es nicht auszuschließen, dass es zu Machtmissbrauch oder sexuellen Gewalthandlungen kommen kann. Auch wenn es augenscheinlich in Schulen von Seiten des Personals selten zu sexuellen Gewalttaten kommt, bleibt die Schule der Ort, wo durch die Übertragung von Bildungs- und Erziehungsaufgaben ein Schutzauftrag besteht. Präventionsarbeit kann und sollte an Schulen kontinuierlich geleistet werden. Diese beginnt zunächst bei den Erwachsenen und den Strukturen. Empfehlenswert ist es, wie bereits an anderer Stelle erläutert, neben den thematischen, fächerübergreifenden Angeboten für die Schüler/innen Handlungsrichtlinien und eine Konzeption zu entwickeln sowie Bildungsangebote für Lehrkräfte, Eltern und Bezugspersonen zu installieren. Zusätzliche Hilfe bieten extra dafür benannte Vertrauenspersonen und ein gut etabliertes Beschwerdesystem.

Methodenteil

Meinen Gefühlen auf der Spur

Zielgruppe und Zeitumfang	Ab Jahrgangsstufe 4, ca. 60 Minuten, nach Geschlechtern getrennt.
Intention	Vielfältige Gefühle mit dem Körper zum Ausdruck bringen.
Ziele	Die Schüler/innen sollen sich ihrer Gefühle bewusst werden, sich an sie erinnern und ihnen nachspüren.
Material	Kein Material, aber ausreichend großer Raum mit Freifläche.
Verlauf und Instruktion	Während der Übung darf nicht gesprochen werden. Es empfiehlt sich, dies zu Beginn zu betonen. Störungen von außen sollten vermieden werden. Die Schüler/innen bewegen sich bei dieser Übung viel.

Anleitung der Methode:

»*Verteilt euch gleichmäßig im Raum.*
Geh in deinem Tempo, finde deinen eigenen Rhythmus.
Jetzt gehe behäbig. Nun werde schneller, noch schneller. Gehe mit der Geschwindigkeit, die du halten kannst.
Gehe kreuz und quer durch den Raum. Nutze auch die Raumecken.
Gehe vorwärts. Gehe rückwärts. Schau auch beim Rückwärtsgehen nach vorne.
Gehe seitwärts. Probiere verschiedene Gehrichtungen aus.
Verändere dein Tempo.
Nutze jetzt verschiedene Gangarten: Hüpfen, Schleichen, Schreiten, Kriechen, Stolpern, Rennen.
Laufe jetzt wieder in deinem Tempo und in deinem Rhythmus durch den Raum und nehme wahr, welche der Erinnerungen, Empfindungen im nächsten Teil der Übung auftauchen. Versuche mit deinem Gang, mit deinem Körper auszudrücken:

Du langweilst dich.
Du fühlst dich schwach und krank.

Sexuelle Gewalt

	Du bist ängstlich. *Du bist im Stress/in Eile.* *Du bist wütend.* *Jemand hat dir gesagt, dass du leise sein musst.* *Du bist schuldbewusst.* *Du gehst nachts durch die Dunkelheit.* *Du wirst verfolgt.* *Du fühlst dich stark.«* Nach jeder Situation die Anweisung geben: »*Und nun schüttelst du die Angst (Beispiel) ab. Schüttel' Arme, Beine, Kopf, um alles fallen zu lassen.«*
Nachbearbeitungs- und Einsatzmöglichkeiten	Die Auswertung findet in Kleingruppen statt. Folgende Fragen können hilfreich sein: Was hat dir Spaß gemacht? An welche Bilder, an welche Situationen habe ich mich erinnert? Was ist schwergefallen? Wie geht es mir jetzt?
Praxistipp für Lehrer/innen	Anleitung nach Jahrgangsstufe ggf. anpassen, nicht alle Gefühle/Situationen eignen sich schon für die jüngeren Jahrgänge.

Diese Methode wurde u. a. beschrieben in: Bundestelle der Katholischen Jungen Gemeinde (Hrsg.): Erste allgemeine Verunsicherung. Düsseldorf 2011 (2. Auflage), S. 103/104.

Ja-Nein-Kreis

Zielgruppe und Zeitumfang	Ab Jahrgangsstufe 4, 10 Minuten
Intention	»Ja«- oder »Nein«-Sagen
Ziele	Die Schüler/innen sagen bewusst »Ja« oder »Nein« und unterstützen das nonverbal.
Material	kein Material

Verlauf und Instruktion	Die Schüler/innen stehen in einem Kreis. Die Lehrkraft beginnt mit einem »Ja« zur rechten oder linken Person neben sich. Das »Ja« wird unterstützt durch eine offene Hand-/Armbewegung und ein freundliches Gesicht. Die Person kann das »Ja« weitergeben oder mit einem »Nein« antworten, das von der dazu stimmigen Körperhaltung und Mimik begleitet wird.
Nachbearbeitungs- und Einsatzmöglichkeiten	Auswertungsfragen könnten sein: Welche Körperbewegungen habe ich gesehen? Hat die Körperbewegung zu dem Gesprochenen gepasst? Wann kann mir eine bewusste Körperbewegung/Körpersprache helfen?

Variante (auch für ältere Schüler/innen): Wie oben, jedoch gibt die Lehrkraft nun ein »Nein« in die Runde und gibt eine Richtung vor. Nun werden die Schüler/innen aufgefordert, das »Nein« in unterschiedlichen Tonlagen und Lautstärken auszuprobieren. Die Lehrkraft kann anleiten und darauf achten, dass die Übung ernst genommen wird, z. B. wiederholen lassen, wenn eine Aufgabe nicht erfüllt wurde. Zur Abwechslung lässt sich auch einmal die Richtung wechseln.
Mögliche Übungen:
Nein in hoher Stimmlage weitergeben
Nein in tiefer Stimmlage weitergeben (vielleicht Hinweise auf Atmung, breiter Stand etc.)
Nein leise weitergeben
Nein in sich steigernden Runden immer lauter weitergeben
Nein lächelnd weitergeben
Nein ernst weitergeben
Nein ängstlich weitergeben
Nein wütend weitergeben.

Auswertungsfragen könnten sein:
Welcher emotionale Ausdruck, welche Stimmmodulationen unterstreichen das gesagte »Nein« am besten?
Wann wird ein »Nein« ernst genommen, wann eher weniger, woran liegt das?
Welche Situationen kennt ihr, in denen ihr »Nein« sagen müsst? Gelingt das immer? Was klappt gut/nicht gut? Wann/bei wem fällt es her schwer/wann, bei wem eher leicht (z. B. Eltern, Geschwister, Freund/in, Lehrer/in usw.)?

Sexuelle Gewalt

Praxistipp für Lehrer/innen	Die Schüler/innen sollen das, was sie sagen, auch nonverbal deutlich machen. Das bedeutet z. B., dass ein »Nein« nicht von einem Lächeln begleitet werden kann, wenn es ernst gemeint ist. Die Lehrkraft achtet auf die Atmosphäre, ein ernsthaftes »Nein« zu sprechen kann schwer sein, wenn alle anderen albern.

Diese Methode wurde u. a. beschrieben in: Bundestelle der Katholischen Jungen Gemeinde (Hrsg.): Erste allgemeine Verunsicherung. Düsseldorf 2011 (2. Auflage), S. 105.

Ganz alltäglich

Zielgruppe und Zeitumfang	Ab Jahrgangstufe 6, ca. 60 Min.
Intention	Kinder und Jugendliche erleben selbst oder bei anderen Formen von Gewalt. Die sichtbaren Formen äußern sich meistens durch verbale oder körperliche sexuelle Belästigung oder Übergriffe.
Ziele	Sensibilisierung für Verstöße gegen die sexuelle Selbstbestimmung Kennen lernen von sexuellen Menschenrechten und Strafgesetzen
Material	Infos und Jugendbroschüren zum Thema sexuelle Rechte, Tesakrepp-Klebeband, Moderationskarten, Stifte
Verlauf und Instruktion	Die Schüler/innen werden gebeten, sich eine Situation zu überlegen, bei der es zu sexuellen/körperlichen Grenzverletzungen im Alltag gekommen ist. Das kann eine selbst erlebte, weitererzählte oder von anderen gehörte Situation sein. Diese werden anonym eingesammelt, gemischt und neu verteilt. Nun wird mit Klebeband eine Linie gezogen, an deren beiden Enden jeweils eine Moderationskarte platziert wird. Es soll eine Skala zwischen 0 – keine Gewalt – und 100 % Gewalt entstehen. Dazwischen können weitere Karten zur Orientierung verteilt werden.

Nachbearbeitungs- und Einsatzmöglichkeiten	Die Schüler/innen werden nun aufgefordert, die Situation, die sie gezogen haben und die nicht ihre eigene sein soll, auf der Skala zu platzieren und eine Begründung für ihre Entscheidung zu geben. Wenn alle Karten in der Mitte liegen, können sich alle dazu äußern, wie sie das Gesamtbild wahrnehmen. Bei welchen Situationen hätten sie anders entschieden und warum? Im Anschluss an die Diskussion sollte über Hilfsmöglichkeiten und die Notwendigket, Erwachsene darin einzubeziehen, gesprochen werden. Eine zweite Unterrichtsstunde könnte sich dann damit beschäftigen, wie Einzelne oder Gruppen in solchen Situationen reagieren können/sollten. Das funktioniert am besten in kleinen Rollenspielen. Die Situationskarten sollten deshalb aufbewahrt werden.
Praxistipp für Lehrer/innen	Bitte weisen Sie unbedingt darauf hin, dass es um alltäglich sichtbare Situationen gehen soll. Es ist wichtig, dass Formen wie sexueller Missbrauch u. a. nicht dazu gehören. Bitte weisen Sie unbedingt auf die Freiwilligkeit beim Mitmachen hin. Das ist bei dieser Übung nicht anders möglich, weil Sie davon ausgehen müssen, dass sich Schüler/innen mit (sexueller) Gewalterfahrung im Klassenraum befinden können.

Diese Methode wurde von Beate Martin entwickelt und ist hier erstmalig veröffentlicht.

Wie entstehen Vorurteile?

Zielgruppe und Zeitumfang	Ab Jahrgangsstufe 7, ca. 60 Minuten
Intention	Mit den Schüler/innen wird eine alltägliche Situation bearbeitet, um sie zum Reflektieren anzuregen. Jeder Mensch hat Vorurteile. Diese sollten aber nicht in Gewalt umschlagen. Es geht dabei auch immer um die Begegnung mit Eigenem und Fremden.
Ziele	Auseinandersetzung mit Vorurteilen, Beschäftigung mit den Vorstufen von Gewalt
Material	Arbeitsblatt: Die Kaufhausgeschichte (siehe unten)

Sexuelle Gewalt

Verlauf und Instruktion	Den Schüler/innen wird der erste Teil der Geschichte vorgelesen. Dann sollen sie sich in Kleingruppen zusammensetzen und überlegen, was sie tun können oder wie vielleicht andere Personen reagieren würden. Dann wird der zweite Teil der Geschichte vorgelesen.
Nachbearbeitungs- und Einsatzmöglichkeiten	In Kleingruppen sollen die Schüler/innen darüber sprechen, was passiert ist und was sie von der Geschichte halten? Ist so etwas realistisch? Gibt es eigene Erfahrungen, wo sie sich ungerecht behandelt gefühlt haben? Wie können Übergriffe abgewendet werden? Ggf. in geschlechtshomogenen Gruppen reflektieren.
Praxistipp für Lehrer/innen	Versuchen Sie, mit den Schüler/innen konkrete Beispiele aus dem Schulalltag zu finden, und besprechen Sie mögliche Schutzkonzepte und die Bedeutung des Hilfeholens.

> **Die Kaufhausgeschichte**
>
> Teil 1: In einer Stadt wie … geht eine Frau um die Mittagszeit in ein Kaufhausrestaurant. Sie hat Hunger und kauft eine Suppe. Sie stellt den vollen Teller auf einen Tisch hängt ihre Handtasche darunter. Dann holt sie sich noch einen Löffel. Als sie zurückkehrt, steht ein Afrikaner dort und löffelt die Suppe aus.
>
> Teil 2: Erst kriegt die Frau einen Schreck. Aber dann fasst sie sich ein Herz und löffelt mit ihm zusammen aus dem Teller. Freundlich lächelt der Afrikaner zurück. Nach der gemeinsamen Mahlzeit spendiert ihr der junge Mann noch einen Kaffee, dann verabschiedet er sich höflich. Das waren die einzigen Worte, die zwischen den beiden fielen. Dann will die Frau gehen und greift zur Handtasche. Die ist nicht mehr da.»Also doch ein Schuft«, denkt sie. Der Fremde ist weg. Hilflos blickt sie um sich. Da entdeckt sie am Nachbartisch einen vollen Teller Suppe und darunter ihre Handtasche.

Diese Methode geht auf einen bekannten Fernsehsketch zurück.

Literatur

Ahlers, Christoph Joseph: Himmel auf Erden und Hölle im Kopf – Was Sexualität für uns bedeutet. München 2015

Amendt, Jürgen: Prävention professionalisieren. In: Gewerkschaft Erziehung und Wissenschaft (Hrsg.): E & W, Heft 06/2015, Frankfurt am Main 2015

Bauer Media Group (Hrsg.): Bravo Dr. Sommer Studie 2016. Hamburg 2016

Blättner, Beate/Brzank, Petra/Liepe, Katharina/Schultes, Kristin (2013). TeDAVi: Grenzüberschreitung und Gewalt in Liebesbeziehungen und Dates von Hessischen Schülerinnen und Schülern zwischen 14 bis unter 18 Jahren. Hochschule Fulda, Fulda 2013

Bundestelle der Katholischen Jungen Gemeinde (Hrsg.): Erste allgemeine Verunsicherung. Düsseldorf 2011 (2. Auflage)

Bundeszentrale für gesundheitliche Aufklärung (Hrsg.): Sexuell übertragbare Erkrankungen inkl. HIV/AIDS. Köln 2010

Bundeszentrale für gesundheitliche Aufklärung (Hrsg.): Handlungsorientierte Methoden für die AIDS- und Sexualaufklärung mit geschlossenen Gruppen. Köln 2010

Burkart, Roland: Medienwirkungsforschung – ein Einblick. In: Medienimpulse, 12/2003

Calmbach, Marc/Borgstedt, Silke/Borchard, Inga/Thomas, Peter Martin/Flaig, Berthold Bodo: Wie ticken Jugendliche 2016? – Lebenswelten von Jugendlichen im Alter von 14 bis 17 Jahren in Deutschland. Wiesbaden 2016 Open Access: http://link.springer.com/book/10.1007%2F978-3-658-12533-2

Corsten, Claudia: HIV/AIDS und andere sexuell übertragbare Infektionen. In: Schmidt, Renate-Berenike/Sielert, Uwe: Handbuch Sexualpädagogik und sexuelle Bildung. Weinheim 2013

Deutsche AIDS-Hilfe e.V. (Hrsg.): Sexuell übertragbare Infektionen 2013. Berlin 2012

Deutsche Gesellschaft für Sexualforschung (Hrsg.): Zeitschrift für Sexualforschung 1/2011, Hamburg 2011

Deutsche Gesellschaft für Sexualforschung (Hrsg.): Zeitschrift für Sexualforschung 4/2011, Hamburg 2011

Deutsche Gesellschaft für Sexualforschung (Hrsg.): Zeitschrift für Sexualforschung 1/2012, Hamburg 2012

Literatur

Döring, Nicola: Pornografie-Kompetenz: Definition und Förderung. In: Deutsche Gesellschaft für Sexualforschung (Hrsg.): Zeitschrift für Sexualforschung 1/2011.

Döring, Nicola: Sexuell explizite Medienangebote: Produktion, Inhalte, Nutzen und Wirkungen. In: Schweiger, W./Fahr, A.: Handbuch Medienwirkungsforschung. Wiesbaden 2013

Dressler, Stephan/Zink, Christoph: Pschyrembel. Wörterbuch der Sexualität. Berlin/New York 2003

Enders, Ursula/Kossatz, Yücel: Grenzverletzung, sexueller Übergriff oder sexueller Missbrauch? In: Enders, Ursula: Grenzen achten. Schutz vor sexuellem Missbrauch in Institutionen. Köln 2012

Farin, Klaus/Möller, Kurt (Hrsg.): Kerl sein. Kulturelle Szenen und Praktiken von Jungen. Berlin 2014

Fegert, Jörg M./Wolff Mechthild (Hrsg.): Sexueller Missbrauch durch Professionelle in Institutionen. Weinheim 2006

Hedtke, Karin: »Zutiefst verletzend«. In: Gewerkschaft Erziehung und Wissenschaft (Hrsg.): E & W, Heft 06/2015, Frankfurt am Main 2015

Heider, Ulrike: Vögeln ist schön – Die Sexrevolte von 1968 und was von ihr bleibt. Berlin 2014

Helming, Elisabeth/Kindler, Heinz: Sexuelle Gewalt in Institutionen. In: Katholische LAG Kinder-und Jugendschutz NRW e.V. (Hrsg.): Thema Jugend. Münster 2011

Henning, Ann-Marlene/Bremer-Olszweski: Make Love – Ein Aufklärungsbuch. Berlin 2012

Herrath, Frank: Zum Sprechen von und über Sexualität. Unveröffentlichtes Manuskript, Dortmund 1994

Herzig, Sabine: Sexuelle Gewalt gegen Mädchen und Jungen – Begriffe, Definitionen, Zahlen und Auswirkungen. In: BZgA (Hrsg.): Forum für Sexualaufklärung, Heft 3/2010. Köln 2010

Heßling, Angelika/Bode, Heidrun: Jugendsexualität 2015. Die Perspektive der 14- bis 25-Jährigen. Ergebnisse einer aktuellen Repräsentativen Wiederholungsbefragung. Bundeszentrale für gesundheitliche Aufklärung. Köln 2015

Heynen, Susanne: Vergewaltigt. Die Bedeutung subjektiver Theorien für Bewältigungsprozesse nach einer Vergewaltigung. Weinheim 2000

Hill, Andreas: Pornografiekonsum bei Jugendlichen – Ein Überblick über die empirische Wirkungsforschung. In: Deutsche Gesellschaft für Sexualforschung (Hrsg.): Zeitschrift für Sexualforschung 4/2011.

Hoffmann, Daniel: Sexting. Der erotische Foto- und Nachrichtenaustausch unter Jugendlichen und jungen Erwachsenen. Magdeburg 2012

Institut für Sexualpädagogik (Hrsg.): Standpunkt des Instituts für Sexualpädagogik zur Debatte um den sexuellen Missbrauch. Dortmund 2010, S. 2, https://www.isp-dortmund.de/downloadfiles/isp-Standpunkt%20zur%20 Missbrauchsdebatte.pdf (gesehen am 02.11.2015)

Jenter, Anne/Gützkow, Frauke: Schulbücher hinken meist der Zeit hinterher. In: pro familia Deutsche Gesellschaft für Familienplanung, Sexualpädagogik und Sexualberatung e.V. (Hrsg.): pro familia Magazin, Nr. 1, 2013, Frankfurt am Main 2013

Kinsey, Alfred: Sexual Behavior in the Human Male. Philadelphia 1948 (deutsch: Das sexuelle Verhalten des Mannes. Frankfurt am Main 1955) und Sexual Behavior in the Human Female. 1953 (deutsch: Das sexuelle Verhalten der Frau. Frankfurt am Main 1954)

Klocke, Ulrich: Homophobie und Transphobie in Schulen und Jugendeinrichtungen: Was können pädagogische Fachkräfte tun? Berlin 2016, http://www.vielfalt-mediathek.de/data/klocke_2016_homophobie_und_transphobie_in_schulen_und_jugendeinrichtungen_1.pdf (gesehen am 05.09.2016)

Lähnemann, Lela: Unveröffentlichte Abschlussarbeit zur Fortbildung »Sexualpädagogische Fortbildnerin« im Institut für Sexualpädagogik. Dortmund 1999

Landesjugendring Brandenburg e.V./AIDS-Hilfe-Potsdam (Hrsg.): »Aids ist auch nicht mehr, was es mal war.« Potsdam 2014

Langanke, Harriet: HPV-Update zur Impfung. In: pro familia (Hrsg.): der familienplanungsrundbrief 1/2016, Frankfurt am Main, 2016

Langmeyer, Alexandra/Entleitner, Christine: Ein erschreckend häufiger Verdacht. In: DJI Impulse, Heft 95, 3/2011, München 2011, S. 5

Lüpkes, Julia/Oldenburg, Ines: Wie viel Vielfalt hält eine demokratische Gesellschaft aus? In: Grundschule, Heft 3, 2015, Braunschweig 2015

Martin, Beate: Körper- und Sexualaufklärung. In: Schmidt, Renate-Berenike, Sielert, Uwe (Hrsg.): Handbuch Sexualpädagogik und sexuelle Bildung. Weinheim und Basel 2008, S. 670–686.

Martin, Beate: Sexualaufklärung – Sexualpädagogik. In: Schneider, Eva (Hrsg): Hebammen an Schulen. Frankfurt am Main 2008, S. 41–74.

Martin, Beate: Sexuelle Orientierung und Sexualpädagogik. In: Landesarbeitsstelle Bayern e.V. (Hrsg.): Aktion Jugendschutz, München 2002, S. 86–95.

Matthiesen, Sila/Martyniuk, Urszula/Dekker, Arne: »What do girls do with porn?« In: Deutsche Gesellschaft für Sexualforschung (Hrsg.): Zeitschrift für Sexualforschung 4/2011, Hamburg 2011

Matthiesen, Silja/Schmidt, Gunter: »What do boys do with porn?« In: Deutsche Gesellschaft für Sexualforschung (Hrsg.): Zeitschrift für Sexualforschung 4/2011, Hamburg 2011

Literatur

Matthiesen, Silja/Gloël, Andreas/Leifermann, Anna-Lena/Arens, Annika: pro refugees – sexuelle Bildung für geflüchtete Minderjährige. In: pro familia Deutsche Gesellschaft für Familienplanung, Sexualpädagogik und Sexualberatung e.V. (Hrsg.): pro familia Magazin, Nr. 1/2016, Frankfurt am Main 2016

Medienpädagogischer Forschungsverbund Südwest: JIM 2014 – Jugend, Information, (Multi-) Media. Basisstudie zum Medienumgang 12- bis 19-Jähriger in Deutschland. Stuttgart 2014

Ministerium für Arbeit und Sozialordnung, Familie, Frauen und Senioren Baden-Württemberg (Hrsg.): Lexikon der kleinen Unterschiede – Begriffe zur sexuellen und geschlechtlichen Identität. Stuttgart 2015

Möller, Kurt: Pornografiekonsum bei Jugendlichen. (Fach)öffentliche Diskurse und pädagogische Herausforderungen. In: Schmidt, Renate-Berenike/Sielert: Handbuch Sexualpädagogik und sexuelle Bildung. Weinheim 2013

Nitschke, Jörg: Jugend und Pornografie: Herausforderungen für die sexualpädagogische Arbeit mit Jungen. In: Farin, Klaus/Möller, Kurt: Kerl sein. Kulturelle Szenen und Praktiken von Jungen. Berlin 2014

Nordt, Stephanie/Kugler, Thomas: Geschlechtliche und sexuelle Vielfalt in der pädagogischen Arbeit mit Kindern und Jugendlichen. Berlin 2012

Österreichische Gesellschaft für Familienplanung (Hrsg.): Methodenhandbuch zur sexuellen und reproduktiven Gesundheit. Wien 2003

Philipps, Ina-Maria/Valtl, Karlheinz: Beiderseits der Grenze. Das Aggressive in der Sexualität, Vortrag am 10.10.2003 in München, https://www.isp-dortmund.¬de/downloadfiles/Vortrag_Dokumentation.pdf (gesehen am 03.11.2015)

pro familia Bundesverband (Hrsg.): Schwangerschaft und Schwangerschaftsabbruch bei minderjährigen Frauen. Teilstudie I: Soziale Situation, Umstände der Konzeption, Schwangerschaftsausgang. Frankfurt/Main 2006

pro familia Bundesverband (Hrsg.):»Jetzt erst Recht.« Frankfurt am Main 2012

Remafedi, Gary et al.: Risk factors for attempted suicide in gay and bisexual youth. In: Pediatrics 87, 6, 1991, S. 869–875.

Renz, Meral: Sexualpädagogik in interkulturellen Gruppen. Mülheim an der Ruhr 2007

Schmidt, Gunter: Das Verschwinden der Sexualmoral. Hamburg 1996

Schmidt, Renate-Berenike/Sielert, Uwe (Hrsg.): Handbuch Sexualpädagogik und sexuelle Bildung. Weinheim 2013

Schriever, Carla: Judith Butler im sexualpädagogischen Kontext. In: Deutsche Gesellschaft für Sexualmedizin, Sexualtherapie und Sexualwissenschaft (Hrsg.): Sexuologie, Band 20, 2013, 3–4, Berlin 2013

Schule der Vielfalt und SCHLAU NRW (Hrsg.): Wie Sie die Akzeptanz von sexueller und geschlechtlicher Vielfalt an Ihrer Schule unterstützen können.

Checkliste und Handlungsempfehlungen für Schulen zum Thema LSBTI*Q. Köln 2016

Sielert, Uwe: Einführung in die Sexualpädagogik. Weinheim und Basel 2005

Sielert, Uwe: Sexualpädagogik als Gewaltprävention? Sexualkulturbildung! In: Landesstelle Jugendschutz (Hrsg.): Grenzverletzungen – Sexuelle Übergriffe unter Jugendlichen. Hannover 2013

Sielert, Uwe/Keil, Siegfried (Hrsg.): Sinnaspekte von Sexualität. In: Sexualpädagogische Materialien für die Jugendarbeit in Schule und Freizeit. Weinheim und Basel 2001, S. 15 ff.

Sielert, Uwe: Gender Mainstreaming im Kontext einer Sexualpädagogik der Vielfalt. In: BzgA (Hrsg.): Forum Sexualaufklärung Bd. 6/7, Köln 2002, S. 18–24.

Siggelkow, Bernd/Büscher, Wolfgang: Deutschlands sexuelle Tragödie. Wenn Kinder nicht mehr lernen, was Liebe ist. Asslar 2008

Sigusch, Volkmar: Neosexualitäten – Über den kulturellen Wandel von Liebe und Perversion. Frankfurt am Main 2005

Staeck, Lothar (Hrsg.): Fundgrube zur Sexualerziehung. Hohengehren 2012

Tuider, Elisabeth/Müller, Mario/Timmermanns, Stefan/Bruns-Bachmann, Petra/Koppermann; Carola: Sexualpädagogik der Vielfalt. Praxismethoden zu Identitäten, Beziehungen, Körper und Prävention für Schule und Jugendarbeit. Weinheim/Basel 2012

Wittel-Fischer, Barbara: Die ungestillte Sehnsucht nach Schwangerschaft und Mutterschaft? Ein vergessenes Thema in der Sexualpädagogik. In: BZgA (Hrsg.): Dokumentation der Fachtagung »Meine Sache«. Köln 2000, S. 110–113.

Wronska, Lucyna: Sexuelle Bildung und Migration. In: Blattmann, Sonja/Mebes, Marion (Hrsg.): Nur die Liebe fehlt...? Jugend zwischen Blümchensex und Hardcore. Köln 2010

Wüllenweber, Walter: Voll Porno! In: *stern* vom 05.02.2007.

Links

www.gib-aids-keine-chance.de
www.loveline.de
www.machsmit.de
www.aidshilfe.de
www.rki.de

Weiterführende Informationen/Anlaufstellen

Allgemein

www.loveline.de
Das Jugendportal der Bundeszentrale für gesundheitliche Aufklärung mit Themen wie Liebe, Sex, Verhütung, Körper oder Aussehen. Es gibt ein Stichwortlexikon und die Möglichkeit, eine Frage zu stellen.

www.schule.loveline.de
Die Lehrerinnenvariante bietet alles für die fächerübergreifende Sexualaufklärung: umfangreiche Informationen, aktuelle Erkenntnisse aus Wissenschaft und Praxis sowie Materialien und Methoden.

www.profamilia.de
Deutschlandweiter Verbund von Beratungsstellen. Das Angebot richtet sich aktiv an Jugendliche, Eltern und Schulen. Auch anderen Interessierten bietet pro familia Beratungen an. Mit fast 200 Beratungsstellen gibt es bundesweit eine gute Versorgung. Der Internetauftritt bietet darüber hinaus zahlreiche Informationsmaterialien.

www.sextra.de
Online-Beratungsportal für Jugendliche und Erwachsene der pro familia, es gibt zudem ein Dialogforum und weitere Informationen.

Sexuelle Gewalt

www.amyna.de
Seiten des Münchner Instituts zur Prävention von sexuellem Missbrauch, viele hilfreiche Broschüren und Medienlisten bestellbar

www.bundesverein.de
Bundesverein zur Prävention von sexuellem Missbrauch an Mädchen und Jungen e.V., Vernetzung verschiedener Organisationen und Vereine; auch Betreiber von N.I.N.A., was für »Nationale Infoline, Netzwerk und Anlaufstelle zu sexueller Gewalt an Mädchen und Jungen« steht [www.nina-info.de]

www.dksb.de
Deutscher Kinderschutzbund (DKSB) e.V.

www.frau-lot.de
»Was sehen Sie, Frau Lot?« – Ausstellung zum Thema sexueller Missbrauch, die an verschiedenen Orten in Deutschland gezeigt wird (meist mit Rahmenprogramm).

www.jugendschutz.de
Verzeichnis der realen und virtuellen Adressen mehrerer Fach- und Landesstellen zum Kinder- und Jugendschutz sowie der Bundesarbeitsgemeinschaft Kinder- und Jugendschutz e.V. mit vielfältigen Informationsangeboten

www.jugendschutz.net
1997 von den Jugendministern aller Bundesländer gegründet, um jugendschutzrelevante Angebote im Internet (so genannte Telemedien) zu überprüfen und auf die Einhaltung von Jugendschutzbestimmungen zu drängen

www.kinderschutz-zentren.org
Bundesarbeitsgemeinschaft der Kinderschutzzentren

www.kindersindtabu.de
Internetseiten der Journalistin Beate Schöning, die deutschlandweit mit drastischen Live-Präsentationen von sexuellen Übergriffen in Chatrooms Aufmerksamkeit erregt

http://www.lehrer-online.de/sexuelle-inhalte.php

www.trau-dich.de
Das Kinderportal der Bundesweiten Initiative zur Prävention des sexuellen Kindesmissbrauchs.

Sexuelle Vielfalt

www.schule-der-vielfalt.de
Schule der Vielfalt ist in NRW ein Kooperationsprojekt des Ministeriums für Schule und Weiterbildung NRW, RUBICON e.V. (Köln), SchLAu NRW (schwul lesbisch bi trans* Aufklärung in Nordrhein-Westfalen) und Rosa Strippe e.V. (Bochum).

www.zanzu.de
Die Seite der Bundeszentrale für gesundheitliche Aufklärung stellt in 13 Sprachen einfach und anschaulich Informationen zu sexueller und reproduktiver Gesundheit zur Verfügung und erleichtert so die Kommunikation über diese Themen, z. B. im Rahmen einer Beratung. Somit erhalten insbesondere diejenigen, die noch nicht lange in Deutschland leben, einen diskreten und direkten Zugang zu Wissen in den Bereichen Körperwissen, Familienplanung und Schwangerschaft, Verhütung, Beziehungen und Gefühle, HIV/STI, Sexualität sowie Informationen zu themenverwandten Rechten und Gesetzen in Deutschland.

www.lambda-online.de
Bundesverband für schwul-lesbische Jugendarbeit mit Suchmaske für die nächste Schwulen- oder Lesbengruppe vor Ort.

www.dgti.org
Deutsche Gesellschaft für Transidentität & Intersexualität e.V.

www.xy-frauen.de
Intersexuelle Menschen e.V.

www.dbna.de
Coming Out & Chatportal für Jugendliche Homosexuelle

www.trans-kinder-netz.de
Portal für Eltern transidenter Kinder

Sexuell übertragbare Infektionen

www.liebesleben.de
Nachfolgerin der Seite gib-aids-keine-chance.de der Bundeszentrale für gesundheitliche Aufklärung. Sie gibt Informationen zu HIV und anderen sexuell übertragbaren Infektionen (STI).

www.rki.de
Medizinische Fakten des Robert-Koch-Instituts über STI. Auch Daten zur Epidemiologie, Forschung und Prävention.

www.aidshilfe.de
Umfangreiche Informationen und die Möglichkeit, Informationsmaterialien zu bestellen, bietet die Seite der Deutschen AIDS-Hilfe.

Sexualität und Medien

www.klicksafe.de
EU-Initiative für mehr Sicherheit im Netz. Die Seite bietet umfangreiches Material für die Präventionsarbeit, u. a. Unterrichtsmaterialien, Lehrerhandbücher und Vorbereitungsmaterialien für Elternabende.

www.jugendundmedien.ch
Schweizer Plattform zur Förderung von Medienkompetenzen. Richtet sich an Eltern, Lehrer und Lehrerinnen sowie Fachkräfte. Themen u. a. Pornografie, Sexting und Cybermobbing – auch auf Französisch und Italienisch.

www.innocenceindanger.de
Innocence in Danger ist eine weltweite Bewegung gegen sexuellen Missbrauch von Kindern, insbesondere die Verbreitung von Kinderpornographie durch die neuen Medien. Die Seite bietet vielfältige Materialien für den Unterricht zum kostenlosen Download.

Hinweis: Es gibt zahlreiche weitere Angebote im Internet und vor Ort, diese Auswahl stellt keine Bewertung dar. Die Autor/innen verfügen lediglich über Erfahrungen mit den hier genannten Adressen, dem könnten sicherlich noch viele weitere gute Adressen hinzugefügt werden.

Danksagung

Wir möchten uns herzlich bedanken bei den Kolleginnen und Kollegen, die mit ihrem kritischen Blick Texte gelesen und/oder Methoden eingereicht haben. Ohne Euch wäre dieser Band nicht so vielfältig geworden. Unser Dank geht an: Alexander Daum, Dr. Angelika Dohr, Martin Gnielka, Dr. Simone Heine, Michael Hummert, Sven Neumann, Kerstin Prinz, Dirk Simon, Isabell Wiefhoff, Christina Witz, Danilo Ziemen und besonders an Dr. Frank Herrath für sein Zutrauen in unsere Arbeit.

Dr. Marc Calmbach vom SINUS Institut danken wir für die Genehmigung zur Abbildung der Grafik im Kapitel *Liebe, Freundschaft und Partnerschaft*.

Verfasserin und Verfasser der einzelnen Kapitel

Einleitung (Beate Martin/Jörg Nitschke)
Über Sexualität sprechen (Beate Martin)
Körper- und Sexualaufklärung (Beate Martin)
Fruchtbarkeit, ein vernachlässigtes Thema in der sexuellen Bildung: Verhütung, Schwangerschaft, Schwangerschaftsabbruch und Elternschaft (Beate Martin)
Sexuell übertragbare Infektionen (Jörg Nitschke)
Körper- und Sinnlichkeit – Ein Bildungsthema im schulischen Kontext (Beate Martin)
Sexuelle Identitäten (Beate Martin)
Liebe, Freundschaft und Partnerschaft (Jörg Nitschke)
Sexuelle Vielfalt (Jörg Nitschke)
Sexualität und Medien (Jörg Nitschke)
Sexuelle Gewalt (Jörg Nitschke)